ハッキリ言わせていただきます！

前川喜平
谷口真由美

集英社

ハッキリ言わせていただきます！

目次

ハッキリ言わせていただきます！
黙って見過ごすわけにはいかない日本の問題

第1章 「お上《かみ》意識」が日本をダメにする

第2章 ヤンキーとカオスとラグビーで批判力を磨く

第3章　教育が直面している厳しい現実

第4章 政治が直面している厳しい現実

第5章 憲法が想定した人間を目指す

第6章 批判に疲れた人たちへ

はじめに

2018年3月に放送された大阪のABCラジオの特別番組『谷口学園　春のラジオ講座　正しいお批判とは？』の収録で、初めて前川喜平さんとお目にかかりました。大阪のライブハウスでの収録は、伊藤史隆アナウンサーの司会で、私たちふたりのほか、落語家の笑福亭松喬さん、オリンピアンの小林祐梨子さんが、それぞれの経験を交えて「批判のお作法」について意見をぶつけ合いました。

中でも前川さんは出身地である関西だからでしょうか、普段メディアでお見かけする時よりもずっとリラックスされ、関西弁を交えた赤裸々トークが大好評でした。とは言え、ラジオは文字通り「エア」ですから、ラジコのタイムフリー機能を使っても1週間で聴けなくなってしまいます。

放送後、私も前川さんともっとゆっくり教育や社会問題について語り合いたいと思いましたし、リスナーさんからももっと聴きたいとのリクエストをいただきました。そこで、拙著『憲法って、どこにあるの？　みんなの疑問から学ぶ日本国憲法』でお世話になった集英社の藤井真也部長に相談したところ、「ならばおふたりの対談本を作りましょう！」と勧めてくださり、前川さんも快諾。ABCラジオも協力を約束してくださり、東京、大阪でゆっくりお話しする機会を持つことができました。

批判なき社会、批判なき世界に明日はない、発展はないと私たちは考えています。しかし、翻って日本を見た場合、批判できない人がたくさんいます。批判しているつもりで、単なる悪口になっている人も少なくありません。考えてみたら多くの人は、批判の重要性や作法などをきちんと習った覚えがないのかもしれません。大学で教えていて、学生さんたちが「批判」をすることに対して、否定的な態度を取ることも少なくありません。これは、批判からは何も生みださないと思っていたり、単なる悪口のように思えていたり、「批判」をするなら「対案」を出さないことは無責任だと思っていたり、その理由はさまざまですがイメージは良くなかったりします。対談の中では、私たちがいったいどうやって批判の作法を身に着けたのかについても話しています。きっと皆さんにも似たような経験があるはずです。そのころの自分の気持ちを思い出して、かつて持っていたであろう、今は眠っているかもしれない批判精神を目覚めさせるきっかけになっていただければいいなと思っています。

昨今、社会の状況を見ていると、白か黒、右か左、マルかバツなど二者択一を迫る傾向が強まっています。でも、社会の大半はグレーで、真っ黒も真っ白もほぼありません。世の中、敵と味方だけですか？　それ以前に「別にどっちでもいい」「よくわからん」という無関心が、実は一番怖いことなのではないでしょうか。

皆さんには、子どものころから不思議に思っていて、いまだに解決していない疑問はありませんか？　考え続けて、スッキリと解決できなくても生きていけていますよね。

また、現代社会を生きる私たちには、難しいことを難しいこととしてゆっくり考える時間も必要だと考えます。先鋭的にならず、感情的にならず、いろんな意見があるよねと話し合い、その中で今の状況で一番の「解」を見つけていく……この作業はとても面倒くさいですが、これこそが民主主義です。

今、「民主主義に疲れた」という声を耳にすることがあります。私たちもある意味では同感です。この国で暮らしていて、疲れないほうがおかしい状況です。まともな人ほど疲れます。だからこそ、疲れている人たちは、疲れていても諦めないことが大事です。そして、何に疲れたのか、また何に怒っているのかをきちんとした批判としてぶつけないと、伝えるべき相手には伝わりません。きちんと批判をすれば、たとえ伝えるべき相手がとぼけたとしても、周囲に目が覚めてくれる人が増えるのではないでしょうか。そうすれば、言葉は社会を動かす力に変わります。

批判は、社会の本質を見極める力でもあります。健全な批判は、健全な社会の指標です。批判の作法を身につけ、きちんとした批判が起こる社会になりますように。そんな社会には、明るいあたたかい未来があると信じて。

年明けの寒い日に

谷口真由美

第1章

「お上《かみ》意識」が日本をダメにする

日本人は好き嫌いの感情に左右されずに批判することが下手

谷口　2018年3月、大阪のABCラジオの特番『批判のお作法』で、前川さんとご一緒させていただきました。

前川　大変楽しい時間でした。

谷口　そこで、私なりに「批判のお作法5か条」を作りました（15P参照）。番組でも話しましたが、例えば皆さんから見たら白いモノも、私からは黒に見える。しかし別の角度からは、白にちょっとだけ黒が見えたりもする。同じものを見て議論しているつもりでも、角度によってまったく違うものに見えるわけです。でも、こうして角度を変えて見る人間もいないと、もしかしてここに差異や欠陥があるかもしれないことに誰も気が付かないから、社会にはいろいろな角度から見て議論する人がたくさんいないといけない。そのために不可欠なのが「批判」なのです。

どんなに仲のいい人であっても、必要であれば批判はしなきゃいけないと思う。だけど最近の日本では、仲が良かったり、お友達だったら批

「批判のお作法　５か条」

谷口真由美

第1条

批判されても**キレない**

第2条

批判は**「事象」「事柄」「発言」などについてすべし。**
人間性への攻撃はＮＧ。

第3条

批判は**「事実」に基づいてすべし**。
根拠が思い込みや固定観念は NG。

第4条

批判は**「愛」が必要**。その先に**「よりよくなる○○」**（○○には社会、会社、学校、地域など）があるべし。
うっぷん晴らしはＮＧ。

第5条

批判には**「責任」がともなうべし**。
公益通報などの匿名性は守られなければならないが、安全地帯からの匿名での言いたい放題はＮＧ。

判しない、見てみぬふりをする、なんならかばう、みたいなこともすごく多いじゃないですか。まさに批判の作法がなってない。好き嫌いの感情はさておき批判する、ということがとても下手ですよね。

前川　それは、学校でその訓練をしていないからですね。最近盛んに言われている「アクティブ・ラーニング」[※1]には、そういう訓練をすることも含まれていると思うんです。もともと、ちゃんと議論できるようにしましょう、という話ですからね。

谷口　そうなんですか？　アクティブ・ラーニングは、要はｉＰａｄなどを使う学習方法、という印象でした。先生の都合が悪くても、授業を録画しておけば、休講しなくても学生は配信された映像で受講・復習できる。それがアクティブ・ラーニングだと思っていました。

学習者の主体性を大事にする方向性は30年前から変わっていない

前川　アクティブ・ラーニングという言葉は、確かに大学教育の改革の

※1
もともとは大学における指導テクニックとして使われていた。２０１７（平成29）年に告示された学習指導要領には「課題の発見・解決に向けた主体的・対話的で深い学び」と表現されている。

※2
文部科学省が学校教育法施行規則に基づいて告示する、小・中・高等学校などが編成する教育課程の基準。戦後の教育改革により１９４７（昭和22）年に作成されて以来、ほぼ10年に一度の割合で見直しおよび改訂が行われている。89（昭和64）年3月には国旗日の丸、国歌《君が代》の指導強化等を内容とする全面改訂が行われた。最新のものは２０１７（平成25）年に改訂。

※3
詰め込み教育や受験戦争による不登校やいじめなどの対策として、２００２（平

ためのキーワードとして使われ始めて、それがだんだん高校、中学、小学校に下りてきたんです。

　でも、私が長らく担当していた小学校、中学校では、今さらアクティブ・ラーニングとわざわざ言わなくても、以前から「自ら学ぶ力」と言っていました。だから、アクティブ・ラーニングは後から付けられた言葉、流行りの言葉を取り入れた感じがありますね。学習指導要領[※2]は10年に1回ぐらい改訂するんですが、10年前の改訂[※3]はゆとりから脱ゆとりへ、と言われました。でも基本的には、学習者の主体性を大事にしようということ。これはこの30年間、特に変わってはいないんです。

　まぁ、文部科学省[※4]には、マイナーチェンジをフルモデルチェンジに見せるような、毎回ネーミングで新しい教育だということを言いたがる癖があるんですよ。

谷口　大風呂敷的な？

前川　まぁ、文科省というよりそのときの政権、政治家が、新しく教育改革をやったぞ、と見せたいところがある。それでアクティブ・ラーニ

成14）年の新しい学習指導要領の実施に伴い学校の週休二日制など「ゆとり教育」が導入された。が、その後、子どもたちの学力低下が問題視され、11年の小学校を皮切りに「脱ゆとり教育」として授業時間が増加された。

※4
教育の振興、生涯教育の推進を中心とした人材育成、学術、スポーツ及び文化の振興、科学技術の総合的な振興、宗教に関する行政事務を担当する国の行政機関。１８７１（明治4）年に文部省が創設され、初代文部卿は大木喬任《たかとう》、１８８５（明治18）年の内閣制度発足に伴う初代大臣は森有礼。２００１（平成13）年に、科学技術庁と統合され、文部科学省に。外局に文化庁とスポーツ庁を置く。ちなみに前川喜平氏は２０１６年に事務次官に就任するも、翌年天下りあっせんの責任を取り辞任。

ングも、なんかカッコいいから使おうぜ、みたいな感じがあったんです。
谷口　全然、意味が分からなかったんですよ。アクティブにラーニングって。それなら、アクティブじゃないラーニングって何なん？
前川　そうそう、そのとおり。
谷口　ノー・アクティブ・ラーニングをむしろ教えてくれ、と思ったぐらい。それこそ主体的に学ぶという点では、大学に入学してくる学生を見ていると、小中高で考えること、思考することをしてこなかったんだなと実感します。
　私は小学5年の息子と中学1年の娘がいるのですが、小学校はまだましゃったんですけど、中学校が、はあ？　えっ？……という感じで。
前川　分かる、分かる。むしろ小学校のほうがそういう学び方が進んでいます。小学校の授業を見ていると、班別に話し合いをしましょう、という時間が多いんです。
　ある教育学者が小学校と中学校の授業を比べて、先生が話している時間と子どもが話している時間の割合をストップウォッチで計って調べた。

そうしたら、小学校の授業は子どもが話している時間が圧倒的に長い。中学校は、先生が話している時間が圧倒的に長い。つまり学校が上に行くにつれて、どんどん先生が話している時間ばかり長くなって、生徒が話している時間は短くなってくるんですね。

逆に、先生が、ほとんど何も話をしていないのは幼稚園。子どもたちは自分たちがやりたいことをやっている中から学んでいく。先生はこれをやってみる？ とか、あれをやってみる？ とか話しかけるだけ。その中から子どもたちがまた学んでいく……みたいな。本当にアクティブ・ラーニングをやっているのは幼児教育だ、と言われているんです。

谷口　素晴らしいですね。幼児教育のスタイルをすべての教育機関でやるべきですね。机の配置、幼児教育の現場のほうが動きやすい。それが小中高とどんどん固定化されていくじゃないですか。大学に至っては、机といすがいっしょにがっちり固定されていたりする。

前川　学校関係者と話していて本当にいつも思うんだけど、下の段階の学校関係者は、上の段階の学校関係者に対して文句がある。幼稚園の先生は小学校に行くとダメになると言い、小学校の先生は中学校に行くとダメになると言う。そして中学校の先生は、高校に行くとダメになると。せっかく自分で何でもできるように、学ぶように、自ら学ぶ力が付いているはずなのに、上の学校へ進むと抑え付けるような教育をして潰してしまう。すべての段階で、そういう文句があるわけですよ。

谷口　私は大学で教えているので、下の段階に文句があります（笑）。

前川　確かに逆もありますよね。

娘の疑問に答えてくれない中学校の先生に母娘でチリチリ

谷口　今うちの娘は、毎日チリチリして学校から帰ってくるんです。4月に体育の授業の受け方と、整列の仕方、というプリントをもらってきて、「気持ち悪いねん」と言うわけですよ。内容はというと、まず足はかかとをそろえて爪先を60度に開く。前にならえをした後、直れ、と言われたら、体側をはたく、と書いてあるんです。パン、と。

前川　そうなの？

谷口　さらに、体育のズボンって身体の横の部分に縫目があるじゃないですか。中指はそこに合わせる、と。私も目がテンになって娘の「気持ち悪いねん」と言う感性は正しいと思って、たまたま担任が体育の先生なんで家庭訪問のときに聞いたんですよ。あれは何で60度に開かなあかんのですか？　と質問したら、「いや、それが一番安定して立てて、その基準に則っての試験があるんです」という答え。だけど、「子どもたちにも言っているんですけど、大体でいいんです」って言うんですよ。もう訳《わけ》分かりません。

前川　（苦笑）

谷口　もうひとつ、直れ、のときに、何のために体側をはたくんですか？　と聞いたら、「そうしようと思う気持ちがあると手を早く下ろせるから」という答え。それなら手を下ろす行動は、0《ゼロ》コンマ何秒を争う戦いなんですか？　と言うたら、先生黙ってしまって。極めつけが、縫目に手を合わすのは何でですか？　そうしたら絶対にぶれへんからですか？　と尋ねたら、なんと「いや、そうすると真っすぐピシッとなるんで」ですって。

子どもは何のためにどういう必要性を持ってやらされているかが分からないと言っているが、私も分からないので子どもに説明できないからうかがっているわけです。そうしたら、「僕の頭が固くなっているんでしょうか？」みたいなことをいきなりおっしゃって。

前川　あらら。

考えるのをやめなさいと強要されているようで気持ち悪い

谷口　娘は娘で、毎週振り返りシートに「何で、体側をはたくんですか」と書いても、先生が一切答えてくれたことがないと不満を感じている。結局、家庭訪問でも答えてくれませんでした。

それで、1学期終わりの個人面談でもう一度同じことを聞いたんです。そしたら、やっぱり早く下ろせるからって。何でそれがそんなに必要なんかと言うと、「ピシッとそろっているほうが、きれいに見えるから」。それを教えるのに、4月の体育の授業、全部使っているんですよ。

前川 そんなに時間をかけているんですか……。

谷口 アクティブ・ラーニングどころか、考えない子どもがいい子ども、みたいな扱いをされて。うちの娘なんかすごくやりにくい子どもだと思うんです。考えることをやめなさい、とすごく強要されている気がして、それが気持ち悪いんです。

前川 それはそうでしょうね。

谷口 先生の人格を攻撃するつもりはないし、別にしていませんけど、とにかくきちんと分かるように説明してもらいたいですよね。

中学生は立派な大人。憲法第13条の「すべて国民は」の国民には、子どもだって含まれている

前川 学校の生徒と先生の間にも、また一種の権力関係があって、有無

を言わさず支配者側が決めたことには被支配者側は従うものだ、それを支配側は「秩序」と呼ぶんだけど、そういう考えがあるんですよ。

だけど、その前提になっているのは、子どもが無権利者であり、人格はあるけれどまだ発達途上で十分ではない、という考え方。これをうまく免罪符に使って、子どもの意見表明権を否定しているんですね。

谷口　そうですね。

前川　だけど、子どもだって、中学生だったら立派な大人ですよ。大人より、まともなことを話したりする。ちゃんと批判する力はあるし、もちろん考える力もあるし、おかしいものはおかしいと思う。まさに日本[※5]国憲法13条が言っている「すべて国民は」の中には子どもだって含まれるんです。そして、すべての国民は個人として尊重されて、自分に関わることについて意見を言う権利があるわけです。それは「意見表明権」[※6]といって、「子どもの権利条約」にも書いてあります。

しかし、整列の件は、まるで軍隊ですね。

谷口　まさに軍隊です。学校に入学してすぐに、体育の授業で集団行動

※5
「すべて国民は、個人として尊重される。生命、自由及び幸福追求に対する国民の権利については、公共の福祉に反しない限り、立法その他の国政の上で、最大の尊重を必要とする。」

※6
子どもの権利条約12条
1　締約国は、自己の意見を形成する能力のある児童がその児童に影響を及ぼすすべての事項について自由に自己の意見を表明する権利を確保する。この場合において、児童の意見は、その児童の年齢及び成熟度に従って相応に考慮されるものとする。2　このため、児童は、特に、自己に影響を及ぼすあらゆる司法上及び行政上の手続において、国内法の手続規則に合致する方法により直接に又は代理人若しくは適当な団体を通じて聴取される機会を与えられる。

の仕方を1カ月かけてたたき込まれるんです。

前川　それは、少年兵の訓練と同じですね。

谷口　そう、軍事教練みたいですよね。私は、これを文科省が推奨しているとは思えない、学習指導要領に載っているとは思えないんです。

前川　学習指導要領に、こんなことは書いていないと思いますよ。

谷口　ということは、これは勝手な解釈ですよね？

前川　でも、こういう体質が学校に、特に中等教育ではずっと残っていると思いますね。小学校でも、ないことはないけれども。

谷口　小学校はだいぶオープンになってきて、同じ大阪市立でも、小学校は伸び伸びしているんです。それこそアクティブ・ラーニングじゃないですけど、例えば、みんなでLGBT[※7]の話をしましょう、みたいな授業も4年生、5年生でやっていたりするのに、中学校に入った途端に、子どもたちの目がどんどん死んだ魚みたいになっていくんですよ。みんなと同じ方向を向いて、みんなと同じようにできない子は、はみ出した子になってしまうんです。

※7
Lesbian（レズビアン、女性同性愛者）、Gay（ゲイ、男性同性愛者）、Bisexual（バイセクシュアル、両性愛者）、Transgender（トランスジェンダー、性別越境者）の頭文字をとった単語で、セクシュアル・マイノリティ（性的少数者）の総称のひとつ。日本におけるLGBTの割合は人口の7・6％と言われている（電通ダイバーシティ・ラボ2015年調査）。

戦う生徒や保護者がいないと学校は良くならない

谷口　２０１８年の夏に、猛暑で熱中症の危険があるから運動は原則禁止、と地域の防災無線で流れてきたことがありました。当然体育会系の部活もやめて帰ってくるのかと思ったら、それは各部顧問の判断になるので、と練習が続いていたんですよ。

前川　それはちょっと、校長が無責任じゃないですか。

谷口　なので学校に申し入れしたんですけど、それは各部顧問の判断でと言われて。娘は水泳部なんですけど、プールの水温、35℃ですよ。私も水泳部でしたから、そんなに暑いところで泳いでもタイムは上がらないし、ただただやっているだけになるから、自分の判断で帰ってきなさい、命の危険があるわ、と伝えました。ほんならね、うちの娘は、危ないと思った、と帰ってきたんですよ。

前川　自分で判断できるのはいいじゃないですか。

谷口　でも、学校では厄介な子になりますよね。要は和を乱す。聖徳太[※8]

※8
用明天皇の皇子で、幼名は厩戸豊聡耳《うまやとのとよとみみ》皇子。５９２年に即位した推古天皇の摂政として、６０３年に冠位十二階を定め、翌年には十七条の憲法を制定し、６０７年には小野妹子《いもこ》を隋に派遣するなど、内政はもちろん外交にも尽力。ただ、近年は聖徳太子の存在自体が疑問視され、高校教科書には「推古天皇が新たに即位し、国際的緊張のもとで蘇我馬子《そがのうまこ》や推古天皇の甥の厩戸王（聖徳太子）らが協力して国家組織の形成を進めた」（山川出版社『詳説日本史B』）と記載されている。

※9
十七条の憲法第一条。「なによりも和を大切にして争いを起こさないよう心がけること」の意。当時の役人や貴族に向けた道徳的な規範。

子が、「[※9]和を以て貴しとなす」言うたからね。

前川　「忤《さか》ふること無きを宗とせよ」とか言って。

谷口　それこそ大人なら「[※10]面従腹背《めんじゅうふくはい》」ができるかもしれませんけど、子どもの場合は同調圧力のいじめとかいろいろ出てくるし、家で親に言うと、[※11]内申点があるから学校に従え、と言われるんですって。

前川　はい、内申点ね。それが、まさに学校という権力の源泉ですよ。

谷口　だから、私はまさに中学校と戦っているんです。

前川　学校という権力と戦う生徒や、戦う保護者がもっといないと、学校は良くならないと思いますよ。

谷口　そうですか、それなら、戦う保護者になります。

前川　まずは、いろんな意見を言っていいんだ、という学習環境をつくらなきゃいけない。こんなことを言ったら笑われるかな、先生に怒られるかな、こんなことを言っても取り上げてもらえないだろうな、とはじめから言うのをやめてしまう。そういう子どもが多い。

谷口　それも[※12]忖度《そんたく》じゃないですか。

※10
表面では服従するようにみせかけて、内心では反抗すること。文科省官僚時代の前川喜平氏の座右の銘。

※11
生徒の学習や学校生活について中学校が記載し、入試の選考資料として高校に提出する調査書（内申書）の内容のうち、おもに教科の成績を点数化したもの。調査書に書かれた各教科の「評定」（通知表に1～5で記される成績）を使って計算されるが、算出方法は各都道府県によって異なる。

※12
他人の心中や考えなどを推しはかること。森友学園問題で元理事長の籠池泰典氏が、「財務省の官僚が安倍首相と昭恵夫人の意向を忖度した」と会見で語ったことから注目され「ユーキャン新語・流行語大賞」2017年年間大賞にもなった。

前川　忖度ですね。

谷口　空気を読んで、言っちゃダメじゃないかな、これは言わないほうがいいんじゃないかなという、そんな忖度を子どものうちから覚えて成長したら、それはもう忖度の名人になりますよね。

前川　そうですね。

谷口　忖度名人ばっかりなのに産業界はブレイクスルー[※13]だの、イノベーション[※14]だのと言うわけですよね。そんなん、みんな横を向いて言わんとこ、と思っている環境でイノベーションなんか起こるわけがないじゃないですか。

公教育の中における、とりわけ中学の多感な思春期があやって潰されていくんだな、というのを目の当たりにすると、そこで意見の言えなくなった子どもたちはよっぽどのトレーニングをしないと、もう本当に自分の意見を言えなくなる。例えば主張していた子が不登校になったり、変わった子というポジションで生きていくしかないとか。うちの娘のようにそれが平気な子はいいけど、人と差異が出てくるのがすごく嫌とか、

※13
breakthrough。難関や妨害などを突破する、行き詰まりを打開すること。特に、科学や技術の進歩、技術的改良による問題解決を指す。

※14
innovation。これまでとは異なった新しい発展。刷新。技術革新。新機軸。経済的には生産技術の変化、新市場や新製品の開発、新資源の獲得、生産組織の改革あるいは新制度の導入などにより生産を拡大する。

差異が出たら困ると思っちゃう子は絶対に意見を言わなくなりますよね。

学校以外に居場所がない子どもたちは同調して埋没して生きていくしか術《すべ》がない

前川　谷口さんのお嬢さんみたいに、学校のほうがおかしいと思える子は、ちゃんと生活空間があると思うんです。でも、自分の居場所がない子どもはとにかく同調するしか、埋没するしか生きていく術がない。そんな子がたくさんいます。そういう中で弾《はじ》かれると居場所がなくなる、死ぬしかないと思いつめたりしかねない。

谷口　うちの娘、学校でどんだけ反抗しても、家に帰ってきたら私に味方してもらえると思うから反抗できる、と言うてました。

前川　なるほどね。反抗は、親じゃなく学校に向かっているわけだね。

谷口　でも、学校で反抗していると娘は言いますが、私から見たら全然反抗にもなっていない。体側をはたくのは何でですか、と聞くぐらい。

前川　それは反抗じゃない。素朴な疑問ですよね。

谷口　娘はアクティブ・ラーニングはできていると思うんですけど、生きづらいだろうなと思うんですよ。生きづらいと思うから、そんな面倒くさいことしなくていいよと言ってしまう親御さんが多いんです。でも、私は勝負してこい、学校で先生とケンカしてきたらええねん、最後はお母ちゃんが出ていくからどうぞ、と言う。ほんなら、本人楽しくてしゃあないらしいです。

前川　後ろに大将がいると思ったら、それは突っ込んでいけますよ。

先生にも子どもにも、そして保護者にも「ゆとり」が必要

前川　誤解されている言葉だけど、先生にも子どもたちにもゆとりは必要だと思います。

谷口　クルマのハンドルの遊びじゃないですけど、ゆとりがなさ過ぎて、結局ちょっとふれたらすぐぶつかる、すぐこするみたいな状況に誰もが

なっています。親は労働時間とかいろんなことで追い詰められていて、子どもたちは学校で追い詰められ、先生たちはどこかから追い詰められ。そうしたら、ぽやっとしている機嫌のいい大人がどこにもいてない。

昔は昼間公園に行くと、この人は何してんやろというおっちゃんが結構いたんですよね。公園にはいろんな人がいてた。でも今じゃそういう人も見なくなったし、社会全体に遊びとかゆとりとか、本当の意味でのゆったり感がない。近所の公園も禁止条項がいっぱいだし。

前川　東京都世田谷区に、羽根木公園という公園があるんです。公園の一角を子どもたちが何をしてもいい遊び場にして、地域の人たちのＮＰＯで運営していくプレーパーク運動[※15]を行っています。事故が起きても自己責任なんだけど、子どもたちに冒険させることができる。もちろんちゃんと大人は見ているんですが、火を使ってもいいし木に登ってもいいし穴を掘ってもいいし、とにかく何をしてもいい。大概のことは許されるような、子どもたちの発想で自由に遊びなさいという公園で、以前はうちの子どもたちもよく連れていきました。

※15
「自分の責任で自由に遊ぶ」をモットーにした遊び場。子どもたちの好奇心を大切にして、自由にやりたいことができる場所を作ろうと、１９４０年以降ヨーロッパを中心に広がった。日本では79（昭和54）年に「羽根木プレーパーク（世田谷区）」で開設後、全国へ。禁止事項はなく、子どもたちは、廃材、土、水、木、火などを使い、焚き火など、穴掘り、木登り、自分がしたい「遊び」を楽しめる。

「お上《かみ》が決めることだから」上下関係が批判精神を失わせる

谷口　結局、みんなに余裕がないところは、すべてにおいていろんな意味で貧困化していくんですよね。公園を子どもたちのためにどうしようかと考えたときに、賛同してくれたり一緒に動いてくれたり、知恵を出してくれたりできるのは、やっぱりある種の教養があるからですよ。でも、中にはお上に楯突くことになるんちゃうか、みたいなことを言う方もおられる。そういうことを許さない同調圧力もあって、なかなか言い出しにくいんだな、とも感じます。

前川　やはり、お上意識が、本来の批判というものを成り立たせなくしているひとつの原因でしょうね。お上がお決めになることなのだから、それについて文句を言ってはいけない、という。

谷口　我々下々の者は、ね。

前川　お上と下々という関係があると、言えないんでしょうね。われわれの民主主義社会での公共の本当の意味は何かと言えば、自分たちがつくり上げることじゃないですか。

谷口　本当にそうです、主権者としてね。

前川　自分たちが一番住み良い社会を自分たちでつくっていく、というのが民主主義社会だと思うんです。

谷口　だから、面倒くさいんですよね。

前川　確かに、面倒くさいですね。誰かがスパッと決めて、みんなが右へならえより、手続きがややこしい。びしっと動くより、効率は悪い。

谷口　「ははーっ」とそのまま受け入れるよりも、効率は悪いですね。

前川　でも、その間に批判や再批判が起こって、結局、意見を調整しながら最大公約数的なものを決めていこう。それで、みんなで一番住み心地のいいかたちをと議論しながらつくっていくのが、本来の公共というものだと思うんですよね。

　公園の在り方だって、公の園はみんなが使いやすいように、みんながそこで一番楽しく過ごせるようにするにはどうしたらいいか、みんなで議論し合いながらつくっていくのが本来の在り方でしょう。

谷口　そうなんです。日本人は議論することに慣れていないのもひとつ要因としてあると思います。議論じゃなくて、すぐにおまえが悪いねんとケンカになる。おまえ個人ではなく、意見に対してこう思う、じゃあ、どうしましょうということを考える必要がある。民主主義は本当に面倒くさいものなんです。

コストを気にするなら、今の国会はなくしたらいい

谷口　さっき、効率が悪いとおっしゃった。その効率が悪いということを、すぐにコストと言う人が最近はいるんですね。いろんな人が入ってきたら、コストがかかる、そういう人が増えている。

でも、そこには支払わなければならないコストと、カットできるコストがあります。だけど、私たちが民主主義の社会で生きているからこそ支払うべきコストを、やたらと過敏にカットしようとする人たちがおられる気はするんですよね。

前川　そうですね。

谷口　国会の議論でも、まだ討議している途中で議論を打ち切るとか。打ち切ったらあかんでしょ。

前川　いやいや。今の国会はひど過ぎますよ、もう。

谷口　国会の体を成していないじゃないですか。

前川　コストコストと言うなら、国会をなくしたほうが早いわ（笑）。

谷口　確かに、ほんまやわ。

前川　正直言って、私も役人のときに参議院[※16]はなくしてもいいんだけどな、と思ったことがありますよ。

谷口　もう一院でいいと。衆議院のコピー、言われていましたもんね。

前川　時間はかかるし、法案は1回討議すればいいと思っていた。しかし、2019年の参議院選挙を前に改めて考えると、やっぱり行き過ぎた、国民主権に反するような問題があったときには、衆院・参院の与野党の議員数のねじれ[※17]は、必要じゃないかと思うんですよね。

谷口　そうだと思います。

※16
日本の国会には、衆議院と参議院がある。様々な角度から政治に国民の意見を取り入れ、慎重に話し合うため二院制を採用しているが、最近は参議院不要論も取りざたされている。

※17
参議院で与党が過半数を占めていない状態。参議院で衆議院と異なる議決が起こりやすくなり時間がかかると言われてきたが、ねじれがあると参議院では与党が野党を説得しなければ法案が通過しないため、強行採決はやりにくくなる。

バカにされていることに気づかない主権者

前川　決められない政治、なんて言われることもあるけれど、勝手に決めるなよ、と。どんどん決められる政治も逆に怖い。だから、やっぱり立ち止まって考える時間がある政治のほうが、コストはかかったとしても必要だと思うんです。

谷口　そうですね。

前川　国会では、私もいろいろ答弁しましたけど、最近特にイライラしますね。

谷口　ホント、イライラしますよね。

前川　予算委員会の政府の答弁を聞いているとね。「ご飯論法」[※18]と言われましたが、まともに答えないですもん。

谷口　その様子を見ていても、主権者[※19]たる我々がバカにされているとまでは思わないんですよね。だからそんなええ加減な人たちが、また選挙で当選してしまう。そんなことが続くと、日本人は、自分がこの社会の

※18
国会で裁量労働制や高度プロフェッショナル制度について野党議員が追及した際に、加藤勝信厚労大臣が行った論点ずらしの話法。上西充子・法政大教授らが命名。例えば「朝ごはんは食べなかったんですか?」「ご飯は食べませんでした（パンは食べましたが、それは黙っておきます）」「何も食べなかったんですね?」「何も、と聞かれましても、どこまでを食事の範囲に入れるかは、必ずしも明確ではありませんので……」

※19
国家における主権を有する者。大日本帝国憲法下では天皇、現在の憲法下では私たち国民が主権者。

構成員として責任を負っている、いう意識が本当にないんだなというのを感じますね。日本の多くの人が、国会の状況を見て、あれでいいと思っているんかなと思うと、なんか暗くなるの。

前川　分かる、分かる。

谷口　ほんまにこれでええと思っていらっしゃる？　みたいなところが。はあ？　子どもみたいに口をとんがらかしたり、答弁もごもごとはっきりしない。そんなに品のない人たちが代表者として国会に出ているような国に私は住んでいるのか、ガクッ、ときますね。

前川　まさにガクッ、ですよね。

谷口　もうちょっとまともな人はおらんのか、と思ってしまいます。

「みんなで」が好きな、ドメドメでダメダメな政治家たち

谷口　たぶん政治家が一番ドメスティックというか、クローズド・コミュニティーの中で生きていますよね。私、よくそういう人を「ドメド

メ」と言うんです。ドメスティック・ドメスティックやから全然分かってない。海外に出たときに初めて、あれ、こんなんでよかったんかな、と気付いて帰ってくるというケースが多すぎます。

前川　政治家には谷口さんがおっしゃるドメドメの人がたくさんいますね。ダメダメと言ってもいいかもしれないけど。

谷口　ドメドメでダメダメですよね、ほんと。

前川　例えば、「靖国神社にみんなで参拝する国会議員の会」[※20]とか、みんなで行けば怖くない、とぞろぞろ。

谷口　「みんなで」っていうのが、何よりすごく日本的じゃないですか。行きたきゃ勝手に行きゃええし、行きたなきゃ行かへんかったらええやないですか。「みんなで」から外れると村八分みたいな、社会的制裁というか、村のおきてを破った制裁みたいなのが実は待っているということですよね。

前川　学校もそういう文化を持っていて、同調圧力が強くて、それにどうしても耐えられない子どもが出てくる。こういう、一人ひとり違って

※20
超党派の議員連盟で、毎年8月15日には揃って靖国神社を参拝している。

いいんだということを認めない社会は、非常に危ない。

谷口　危ないですし、息苦しいですね。

前川　一人ひとり違っていい、一人ひとりがいきいきと生きられるようにすることがいいんだという方向で、私自身は文部科学省で仕事をしていました。でもその一方でそうじゃない方向に、みんながひとつの色に染まるようにするんだという圧力は常に政治の世界からかかってきて、それが今、道徳教育[※21]で非常にあらわな分かれ道になっています。

谷口　お上の言うことは本当に正しいと思っていたり、お上が言うことには従うものだと思っている人がたくさんいることも、主権者としておかしいと思うんですね。

1957年、岸内閣誕生が転機に

前川　やっぱりそれは戦後の教育に問題があったと思いますよ。昭和20年代には文部省も中学生向けの『あたらしい憲法のはなし』[※22]、中学・高

※21
学習指導要領の改訂で、「特別の教科 道徳」を小学校は2018年度から、中学校は19年度から導入。検定を受けた教科書を使用し、児童や生徒への評価を行う。

※22
1946（昭和21）年11月3日に公布され、翌年5月3日から施行された日本国憲法の解説のため、文部省が47年8月2日に中学1年生用社会科の教科書（のちに副教材に）として発行。やさしい文章と挿絵で新憲法の趣旨を説明しており、2012（平成24）年に自民党が改憲草案を発表後、改めて注目が集まる。青空文庫などで読むことができる。

校生向けには『民主主義』[※23]という教材をつくっているんですね。民主主義の国にするためには教育が大事だと、教育基本法[※24]に書いてあるわけですから。いや、今は「書いてあった」と過去形で言わなきゃいけないんだった。

1947年、昭和22年に制定された教育基本法には、憲法の理想の実現は教育の力にまつべきものだと書いてあった。新しい憲法に基づく社会をつくっていくためには教育を変えていかなきゃいけない、と。そういう考え方が非常に強くあったわけで、当時の文部省は、そのための努力もしていました。

その当時は日教組[※25]と文部省なんて蜜月時代ですから、一緒に手を取り合ってやっていたんです。ところが、1955年、昭和30年前後、つまりサンフランシスコ平和条約締結以後、いわゆる逆コースと言われるような戦前回帰の動きが出てきて、ついには岸信介[※26]さんが内閣を組織して、ぐっとまた右に寄るというか昔に戻る傾向が強くなって、文部省と日教組は対決する関係になっちゃった。

※23
文部省が中高生向けの教科書として、1948（昭和23）年に上巻、翌年に下巻を刊行。民主主義の根本精神と仕組み、歴史や各国の制度などを紹介。執筆・編纂したのは法哲学者・尾高朝雄氏。

※24
憲法の精神にのっとり、日本の教育の基本を確立するため、1947（昭和22）年に制定された法律。前文と11条からなる。教育勅語に代わるものとして、教育の目的・方針・機会均等・義務教育、男女共学などについて規定した。2006（平成18）年に改正。

※25
日本教職員組合の略。1947（昭和22）年に結成された、全国の国公私立の幼稚園・小学校・中学校・高等学校・大学の教職員を中心に組織された労働組合。

文部省・文科省では、憲法、人権、平和教育は忌み言葉

前川　私もずっと文部省と文部科学省の中にいましたが、憲法を教えるとか、[※27]人権教育とか、[※28]平和教育とか、ほとんど忌み言葉だったんです。

谷口　えーっ、それは……。

前川　人権教育は、むしろ[※29]同和教育の観点が強かった。同和教育は絶対やらなきゃいけないということだったんですけど、人権とか、特に平和教育という言葉は、その言葉を言った途端に、おまえ左翼かって言われるような、そういう雰囲気はもともとありました。

日本国憲法に基づく教育なんだから当たり前なのに、それ自体を問題視する。岸信介さんは[※30]自主憲法制定ということを言っていたわけだし、[※31]中曽根康弘さんの場合は「[※32]戦後政治の総決算」って言いましたね。それから[※33]安倍晋三さんの場合だと「[※34]戦後レジームからの脱却」。

谷口　「日本を取り戻す」。

前川　大日本帝国を取り戻す、みたいな感じですよね。

※26
安倍晋三首相の祖父。戦前、満州国に深くかかわり、東条英機内閣の商工大臣を務める。戦後、A級戦犯容疑で逮捕されたが不起訴。1957（昭和32）年、自由民主党総裁、首相となる。60（昭和35）年、日米安全保障条約改定を強行して退陣。憲法改正論者としても知られ、孫・安倍氏へとそれが引き継がれているとも。

※27
2000（平成12）年に制定された「人権教育及び人権啓発の推進に関する法律」では「人権尊重の精神の涵養《かんよう》を目的とする教育活動」と定義。人権を尊重・擁護する精神や態度を育成するために行われる。

※28
一切の暴力に反対し、平和を愛し平和社会の実現に貢献しようとする人間を育てる教育。

谷口　どこから何を取り戻すねん。目的語がはっきりしないというか、どこからどこへ？　みたいな。日本はどこへ行っていたんですか、取り戻すというからには、今はない、っていうことですよね。

前川　そうそう。「教育再生」も同じですよ。教育再生というのはつまり、今死んでいるということですよね。再び生まれるんだから。死んじゃったものをまた生き返らせるということ。結局それは、教育勅語[※35]的な教育なんです。戦前の１９４５年、昭和20年以前の教育を取り戻すこと。「教育再生」という言葉は、本当に怖い言葉です。

谷口　ほんとゾンビみたいですよね。だからこそ当時を知っている皆さんは危険を感じている。例えば、今の市民運動を支えているのは年配の人ばっかり、というのは分からんでもない面がありますよね。現在の状況に対して、経験値としてアンテナが立っておられる方は、いやいや、これはちょっと違うんちゃうか、って、やっぱり思われるんでしょうね。

※29
被差別部落問題の解決をはかるために行われる教育。部落解放教育または解放教育とも呼ばれる。

※30
現行の日本国憲法はアメリカに押し付けられたものであり、日本独自で新憲法制定を目指すのは、自民党立党以来の党是。もちろん、押し付けられたかどうかは意見が分かれるところ。

※31
１９８２（昭和57）年首相就任。行財政、教育、税制の三分野の改革を強調し、〈戦後政治の総決算〉路線を打ち出した。86年の衆参ダブル選挙では自民党が３００議席を超える記録的勝利をもたらしたが、選挙公約を破り、売上税の導入を図かって国民の不信を買い翌年退陣。

※32
それまでの「軽武装・経済

もう一度痛い目に遭わないと分からないのか？

谷口　実は人権を専門とする学者の中でも、もう一回戦争になって痛い目に遭わないと、人権が大事だと分からないんじゃないか、という話がほんまに出るんですよ。

前川　私もそれは感じますね。でもそう言ってしまったら、もう一遍悲惨なことが起こらなければいけないことになる。それじゃ、あまりにも情けない。私はよく、ドイツ国民と日本国民を比べてみたりするわけです。ドイツは第一次世界大戦も、第二次世界大戦も自ら始めて自ら負けている。こっぴどい目に2回遭っている。特に2回目は、[36]ワイマール憲法の中から[37]全権委任法みたいなものをつくり出し、[38]ヒトラーを独裁者にしてしまい、それで無謀な戦争と[39]ホロコーストを引き起こして、人類に対するとんでもない罪、平和に対する罪を犯した。そういう国民的な痛恨の極みみたいなことがあったわけですね。そういうものを経験しているか、していないかはとても大きいと思うんですね。

優先」路線にNOを突き付け、日米同盟の強化、国鉄の分割・民営化、行財政改革、防衛費のGNP比1％枠突破などを実行。一方で戦後初の靖国神社公式参拝では、中国・韓国からの抗議を受ける。

※33
2006年9月から第90代内閣総理大臣を務め、さらに12年12月には吉田茂以来となる再登板での内閣総理大臣就任（第96代）を果たした。18年9月に自民党総裁選で三選を果たしたことで、仮に任期の21年9月末日まで務めると首相在任歴代トップとなる。

※34
安倍晋三氏は自著『美しい国へ』をはじめ、ことあるごとに第二次世界大戦後、GHQ占領下にできた日本国憲法をはじめとする憲法や法令、マスコミ、経済や金融体制からの脱却を訴えている。

日本の民主主義は与えられた民主主義。加害者としての自省力・直視力が弱すぎるのは批判に耐えられないから

前川　日本の場合は、いつの間にか戦争が終わって、マッカーサー[※40]がやって来て、みたいな話になっているから、民主主義を自分たちで勝ち取っていない。与えられた民主主義なんですよねぇ。

谷口　「終戦[※41]」という言葉が当たり前みたいに使われていることも、気持ち悪くないですか。終らせたわけじゃないじゃないですか。負けたんですよね、敗戦ですよね。しかも、自ら仕掛けていってアジアとかを侵略していった中で、そういう反省を一切消滅させる言葉だと思うんです。終わった、あぁよかった、みたいな感じじゃないですか。

前川　台風が過ぎたみたいなね。

谷口　そう。玉音放送[※42]をもって私たちのしんどいのも終わったんだ。これでは仕掛けていった側の目線がまったく抜け落ちていくんですよね。原爆も落とされた、捕虜にもなった。確かにそうですが、日本だってた

※35
1890(明治23)年に発布。親孝行など14の徳目が示されているが、一番大事なのは万一の場合には天皇の臣民として命を捧げるべしとの教え。戦後に国会で失効が決議されたが、安倍内閣は2017年、「憲法や教育基本法等に反しない形で教材として用いることまでは否定されることではない」という答弁書を閣議決定。18年10月には柴山昌彦文部科学相が就任会見で「現代風に解釈され、アレンジした形で、道徳などに使うことができる分野は十分にある」と発言。

※36
第一次世界大戦で敗北し、ドイツ革命で帝政が崩壊後の1919年、ワイマールにおいて国民議会が制定したドイツ共和国憲法。国民主権、男女平等の普通選挙の承認、所有権の義務性、生存権の保障などを規定し、20世紀民主主義憲法の先駆

くさんの捕虜を捕まえたし、虐殺もしたし。そのことを省みる力、自省する力、直視する力、そういうものがすこぶる弱い。

それは批判に耐えられないからだと思うんです。そういうことを言われると自分がつらいから言わないで、みたいな感じになるんですよ。ドイツ人にナチスっていう言葉を出しただけで顔色変わりますし、本当にいろいろ勉強し考えていますよね。

ところが、日本で例えば第二次世界大戦や満州事変の話になったときに「リットン調査団[※43]」と言っても「なんのことですか？」どころか「お笑いコンビですか」となっちゃう。

前川　そんなコンビがあるんですか。

谷口　あるんですよ。私、リットン調査団という名前のコンビが出てきたときに、唖然としました。つまり、リットン調査団は満州事変に関わる調査団で、調査報告によって日本が国際社会からすごい非難を浴びるような結果が出る、という背景を知らない人が大多数なんですよ。

前川　歴史の教科書に太字で書いてあったなぐらいの記憶しかないんで

け・典型といわれる。

※37
授権法ともいう。ナチス政権下のドイツで1933年に制定された。議会や大統領の承認なしに政府が立法権を行使できる法律となっており、これによりナチス、ヒトラーの独裁に合法性を与えることになり、ワイマール憲法は消滅した。日本の国家総動員法などもこれにあたる。

※38
第一次世界大戦後のドイツでヴェルサイユ体制打破、ユダヤ人排斥、反共産主義を掲げてナチス党を指導。1933年に政権を獲得後は独裁政権を樹立し、39年の第二次世界大戦の要因を作った。しかし敗戦直前の1945年5月に自殺。

※39
ナチス・ドイツによるユダヤ人大虐殺。第二次世界大戦開始後に大量虐殺が始ま

しょうね。

谷口　90年代のドイツだったと思うんですけど、ワイマール憲法下において彼らがナチスを選んだことに対して、国家にだけ責任があるという感覚じゃなく、我々の親戚がそういうものを選んでいったんだ、おじいちゃんおばあちゃんが選んでいったんだという現実に対して、国民にも責任があるという話題が一時すごく盛り上がったそうです。でもそんな話、日本ではまったく出ませんよね。

もし七十数年前、隣の家の人が「戦争反対」を叫んだらあなたはどうしますか？

谷口　講演で人権の話をするときに言うんですけど、もし七十数年前の日本に皆さんが住んでいたとして、隣の人が戦争反対、鍋釜を出したくないといったときに、「そんなん言ったら捕まるで」と言って諭してあげる人になるか、関わったら自分も特高警察[※44]にやられるかもしれんから

り、占領下のポーランドのアウシュビッツやソビブルなどの収容所にユダヤ人を移送し、ガス室などで殺害した。45年までに約600万人が殺されたとされる。

※40 アメリカの軍人。第二次世界大戦後、連合国軍総司令部（GHQ）の最高司令官として占領政策の実施にあたる。

※41 戦争が終わること。特に、日本が1945（昭和20）年8月14日にポツダム宣言を受諾し、15日に連合国側に無条件降伏したことを指す場合が多い。8月15日は「終戦記念日」。ただ、終戦でなく敗戦ではないかとの議論はあり、また中国メディアなどからも批判されている。

※42 「玉音」は天皇の肉声の意味。日本放送協会（NHK）

知らんぷりするか、進んで「隣の人が戦争に反対しています」ってチクるか、どれになります？　って言うんです。それとも、そういう人たちが捕まっていったときに助ける側の運動をしますか、しませんかって。

前川　なるほど。

谷口　みんな、偉人伝とかを読んで、この人は反対運動をしてすごかったなっていうのを考えることはあっても、「もし、あなたの隣の人ならどうします？」、「もし、三木清※45が隣に住んでいたらどうします？」と聞いたら、いやあ、うーん、と悩みはる。そんなん見ていると、もし戦争の流れになっていったときに止められる力が日本人には本当にあるんだろうかって思うんですよね。主権者なのに。

　今起きている社会運動に対してバカにしたような目をしたり、政府の意見として上から目線でものを言う人たちを見ると、なんか違うよなってすごく思うんですね。

が、1945（昭和20）年8月15日正午から昭和天皇による戦争終結宣言のラジオ放送を行い、天皇自らポツダム宣言の受諾と終戦を伝えた。

※43
満州事変の実情把握のため、1932（昭和8）年2～6月、国際連盟から派遣された調査団。イギリスのリットン卿が団長を務め、満州事変は日本の侵略行為であり、自衛のためとは認定できないとの報告書を提出した。33年2月24日、国際連盟総会で日本の侵略行為を認定し満州からの撤兵を勧告する決議案が採択され、日本だけが反対、シャム（後のタイ）が棄権、他の42カ国がすべて賛成。日本は3月に国際連盟脱退を通告した。

※44
特別高等警察の略。政治・思想・言論を取り締まるために設置された警察。19

日本の危うさを救うのは「教育」の力

前川　弱いですね、国民の力が。主権者としての国民の存在が希薄というか。私もやっぱり、日本の社会は危ういなと思う。だからもう一度痛い目に遭わないと分からないんじゃないかという議論は、そうかもしれないな、って思ってしまう誘惑にかられるんです。でも、じゃあ、もう一度戦争を起こして、負ければいいのかと言えば……。

谷口　いやだ、いやだ。

前川　あるいは治安維持法※46みたいなものができて、個人の尊厳なんて言うやつはみんな次々と引っ張られるような時代を経験したほうがいいのかといったら、そんなことはない。そうならないようにするためには何が必要なのだろうと考えると、やっぱり私は教育の力にまつべきものだという、もともとの教育基本法に書いてあったことを思い出す必要があるんじゃないかと、最近特に強く感じています。

　つまり、今のドイツ国民がホロコーストをやったわけじゃないが、自

11（明治44）年、警視庁に特別高等課が設置され、28（昭和3）年には全国に拡大。共産主義運動や社会運動など反体制運動の弾圧にあたった。

※45
哲学者。ドイツ・フランスに留学後、法政大学教授。1930（昭和5）年、治安維持法違反で検挙、拘留。その後公職を退きマルクス主義の運動から距離を置くが、45（昭和20）年3月、共産主義者をかくまったと再び検挙、終戦後の9月26日獄死。

※46
国体の変革と私有財産制度の否認を目的とする結社を組織したり、参加したりすることを取り締まるため、1925（大正14）年に制定され、41（昭和16）年、全面的に改正。主に共産主義活動を抑圧するために適用。違反者に対しては死刑を含む重刑が科せられ、逮

分たちのおじいさんやおばあさんがヒトラーを生み出してしまったことへの反省を今でも持っている。だからネオナチズム[※47]に対しては非常に強い警戒心を持っているだろうし、難民・移民も積極的に受け入れるのは、ユダヤ人の迫害や虐殺というとんでもないことをしたという反省がベースにあるからでしょう。

ドイツの過去の経験に学ぶべき

前川　人類の記憶として、ドイツでこういうことがあった、という事実を日本の若者たちも学んで、これは日本でも起こったことだと考える。つまり、ドイツの歴史を日本の歴史に引き移して考えていくことで、ドイツの若者だって自分たちの過去の経験に学んでいるわけだから、日本の若者たちもドイツの過去の経験に学べると思っています。

そうやって学ぶことによって、民主主義は自分たちがちゃんと守っていかないと崩れる恐れがある、主権者意識をきちんと持たないと失って

捕者は数十万人、刑務所や拘置所で400人あまりが亡くなったと言われる。

※47
1966年代から西ドイツを中心に起こったナチズムの復興をめざす右翼的な思想や政治的活動。反集産主義、反ユダヤ主義、移民排斥などを主張。

しまう危険性があるということを知る必要があります。それを学校教育がちゃんとやらなきゃいけないんですよ。

谷口　ところがそれをやると、政治的だと政治家から言われるわけじゃないですか。

人権[※48]宣言と権力[※49]分立が近代憲法の原則。人権を教えなきゃいけないということと、権力にはどういうものがあって、なぜそれが分立しているのかという仕組みを教えなきゃいけないのに、それを政治的と言われるのであれば、いったいこの国で政治とか政治的ってどういう意味やねんって思うんですね。力の強い政治力のある人たちが、政治権力を持って政治的だという批判をしてくる。意味分からへん。

18歳選挙権導入時に高校の先生に求められた政治的中立性は、まったく中立的ではなかった

前川　これは私もずっと文部科学省でやっていたので分かるんですけど、

※48
フランス革命をきっかけに1789年、憲法制定議会が採択した宣言。正式には「人間および市民の権利の宣言」。

※49
国家権力の濫用を防止し、国民の政治的自由を保障するために、権力の分散を主張する思想および機構。三権分立はその典型であり、一般的にもこの意に解されている。

現場に対してことさらに政治的中立性[※50]を求めるんですよ。でもそれは、今の政治権力を持っている人たちから見た政治的中立性なんですね。

谷口　自分たちを批判するな、ということですよね。

前川　政治的中立性という言葉は、実は中立的な言葉じゃないんです。2016年、平成28年に国民投票も公職選挙法の選挙権も、18歳まで下りたことをきっかけにして文部科学省が主権者教育についての通知を出したんですが、これがマッチポンプ的なんですよ。

　これからは18歳で有権者になりました、国民投票でも権利を与えます。そうなると高等学校には投票権を持った人たちがいるわけで、すべての政治的事象について自分で考えて判断できる、そういう生徒を育てなきゃいけない。だからいよいよ、これまでにも増して主権者教育が大事なんだと、立派なことを言っているわけ。その中には、投票権を持っている人たちもいるのだから、現実の政治的事象も積極的に取り上げろと言っているんです。

谷口　そうですよね。当たり前のことです。

※50
教育基本法第14条　政治教育「1　良識ある公民として必要な政治的教養は、教育上尊重されなければならない。2　法律に定める学校は、特定の政党を支持し、又はこれに反対するための政治教育その他政治的活動をしてはならない。」

前川　この部分はまあいいとして、問題はこの後出てくる「政治的中立性」という言葉です。生徒に対する政治的な活動の制限と、教師に対する政治的な見解表現の制限と、両方にこれがかかっている。

未成年であれ、15歳であれ16歳であれ、政治的意見を表明する人権はもともとあるわけですから、私は自由にやったらいいと思います。アメリカだって高校生が銃規制運動で頑張っているじゃないですか[※51]。そういうのは、ぜひ日本の高校生ももっと元気にやったらいいと思うんだけど、文科省は学校教育の観点から一定の規制を及ぼしていい、ということを言っているんですよ。

例えば学校の中での活動については、私は人の迷惑にならなければ幾らでもやっていいと思いますけど、文科省の通知には規制すべきだと書いてあるし、土・日曜日の学校外での政治的活動についても、届出制にするところまではやっていいとある。そうやって、生徒の自主的な政治活動を学校が規制することを是認しちゃっている。

※51　2018年2月にフロリダ州の高校で起きた銃乱射事件（死者17人、負傷者14人）後、生き残った生徒たちは議会に銃規制強化を訴える行動を開始。全米の若者たちも　#Enough（もうたくさんだ）、#Never Again（二度と繰り返すな）などのハッシュタグを付けてソーシャルメディアでメッセージを発信、連動して銃規制キャンペーンを展開した。

自分で考える生徒を目標にしながら教師が言ったとおりに動く生徒を想定している文科省

前川　それから教師に対しては、政治的中立性が求められているのだから、自分の政治的見解を言うな、と言っているんですね。ここはドイツと違うんです。

ドイツの政治教育に関しては、１９７０年代にボイステルバッハ・コンセンサス[※52]という原則が出されました。これは、対立する政治的見解をちゃんと公平に教えなさい、その上で生徒たちに考えさせて判断させよう、というもの。そのとき、教師は自分の意見で生徒を差別してはいけないが、自分の意見を言ってもいい。自分の意見と対立する意見も公平にプレゼンテーションして、生徒たちが自分で考えていく。

ところが日本の文科省の通知は、教師が自分の意見を言うと、子どもたちがその影響を受けてしまうから言ってはいけない。さらに、自分がこういう見解だということを生徒が知ってしまって、不用意に影響を与

※52
ドイツにおける「政治教育三原則」。戦後、負の歴史から目をそらさず、政治と教育がどうあるべきかを考え続けた中で確立したもの。三原則は「教師の意見が生徒の判断を圧倒してはならない」「政治的論争があるものは、論争があるものとして扱う」「自分の関心・利害に基づいた政治参加能力を獲得させる」。

えるようなことがないように、とも書いてあるんです。不用意に影響を与えるなって、不用意に、って何ですか、それ。ここで想定されている教師像、あるいは生徒像は、教師が右だと言ったらみんなが右に行くという、そういう教師と生徒なんですよ。

谷口　なんと従順な！

前川　つまり、教師が言ったとおりに生徒が動くんだ、教師が言ったとおりに信じ込むんだ、という前提でできている関係なんですね。本来は自分で考えることを目標にしているはずなのに、文科省の出した通知で想定している生徒は、先生が「俺は右だ」と言ったら、「そうですね、我々も右です」と言って右に行ってしまう、そういう生徒が前提。

本来、政治教育なり主権者教育なりというのは、自ら判断する人間を育成していくことが目的なんだから、教師が自分の意見を言ったって、それはそれで、生徒はそれを批判的に受け止めればいい。先生はこういう意見なんですね、私は先生とここは一致するけどここは一致しない、そういうことを自分で考えればいい。

教師自身の見解も批判の対象になるわけで、批判の作法じゃないですけど、先生はこう思うけれども、君たちは自分たちの意見でこれを批判してくれて構わないんだ、と言わなきゃいかんでしょう。

谷口　日本でボイステルバッハ・コンセンサスができないのは、結局、生徒をバカにしすぎだからだと思うんです。子どもたちは判断力がないからなんでも鵜《う》呑《の》みにしてしまうって、そんな人間をつくり出しておいて何を言うとんねん。

前川　高校の先生も、ああいう通知が出ちゃうと萎縮しちゃうんですよ。自分の見解を言うな、不用意に影響を及ぼすな、そんなことまで言われたら政治的な問題にはタッチしないほうがいい、となる。

谷口　それで何がなされるかというと、主権者教育[※53]の一環で、どのゆるキャラがええかという投票をさせた学校がありました。もうそれのどこが主権者教育なのか、誰か私にちゃんと教えていただけませんか。つまり、政治的なものを究極まで排除したら、投票の仕方を教えただけですよね。例えばごみ処理場をつくろうとしているA候補者、ごみ処理場は

※53　選挙権が18歳以上に改正されたこともあり、投票や議会等、政治に関連する教育を指して主権者教育と使われることが多いが、本来は利害が絡み合う社会問題の解決に主体的に関わるために必要な知識、技能、価値観を学ぶためのもの。

この地域にはいらないと主張するB候補者を比較した上でどちらかに投票してみよう、ではなく、ゆるキャラって……。現場の先生が面倒くさいと感じるようになったらそうなるんや、という典型例だと思います。

前川　そのとおりですね。

谷口　意見表明の権利を大人も行使できない社会。公務員である前に人間だから、自分がどんな政治的信条を抱いていようと勝手なわけじゃないですか。それこそ参政権だし、放っておいてくれよと思いますね。2、3年前、日本でもボイステルバッハ・コンセンサスが議論になりかけるかなと思ったのに、結局、あれも紹介だけで終わってしまいました。

市民革命を経験していないから日本人は自分が社会をつくっているという意識がない

前川　私はイギリスに2年住んだことがあるんですが、イギリス人は自分たちでその場でルールをつくる能力が非常に高い。「キュー（queue）」

という言葉、「列」っていう意味ですね。日本人もよく列をつくるけど、イギリス人はその場その場でとにかく合理的な列をつくっちゃう。トイレが三つあった場合、みんながばらばらにトイレの前にそれぞれ列をつくるんじゃなく、いわゆるフォーク並び[※54]にしようと、その場で秩序をつくる。そういうようにみんなでルールをつくるのが上手です。

谷口　すごいですね。やっぱりマグナ・カルタ[※55]以来の伝統ですかね。

前川　デモクラシーの伝統が非常に根強くあり、自分たちでルールをつくっていくのに慣れているというか、当然そうするものだと考えている。

谷口　こうしたほうがいいんじゃない？　そうね、そうしましょう、みたいな感じですね。

前川　コンセンサスが自然につくられていくというか。要するに、みんなにとって最もフェアな方法は何だろうと、その場でお互いに判断しあうんですよ、イギリス人は。

谷口　それで言うと、アメリカだとリーズナブルかどうか、合理的かどうかですよね。同じフォーク並びにしても、リーズナブルだからこうい

※54
銀行のATMや店のレジなどに並ぶ際、複数の受付・窓口に対してそれぞれに並ぶのではなく、1列の行列で並び、空いた受付に行列の先頭の人が行く、という方式の並び方。

※55
1215年、イギリス王ジョンに対し家臣たちが強制的に署名させた文書。大憲章。国王の徴税制限、人身の自由、不当な裁判による逮捕・財産没収・追放の禁止などを明文化している。民主主義、立憲主義の原点。

う並び方をしている、と恐らくアメリカ人は言うでしょうね。
リーダーというか、ルールを考える人がいたときに、コンセンサスってすごく大事な考え方ですよね。明確に反対してないから、みんなでやろうや、みたいな。

前川　そうですね。日本の場合は、どうも、決まりとか定めというのものは上から与えられるものだと思っているところがある。

谷口　上からのお達しでないと、誰も言ってないやん、みたいな言い方になる。ケンカになりかねませんよ。

近代民主主義のリーダー国になりたいと言いながら、自分が社会の構成員の一員で、自分が社会をつくっているんだという意識がこんなにない国は珍しいんちゃうかって思います。それって、[※56]近代市民革命を経験していないからではないでしょうか。

※56
イギリス革命、アメリカ独立革命、フランス革命などに代表される新興の市民階級（ブルジョワジー）が主体となって行った封建社会に対する政治的変革。それまで受動的な立場だった市民たちが立ち上がり、主体的・能動的に主権を手に入れるための革命。

※57
1867（慶応3）年10月14日、江戸幕府15代将軍徳川慶喜が政権の返上を朝廷に申し入れ、翌15日に受け入れられた。これにより約700年続いた武家政治が終了。

※58
19世紀後半、江戸幕藩体制が崩壊し、明治新政府による近代統一国家、資本主義国家へと移行する一連の政治的社会的変革過程。期間については諸説あり、そもそも維新、革命と呼べるかという議論もある。

民主主義がたまたま降ってきたから大事にしない

谷口　結局、大政奉還[※57]で権力を将軍から天皇さんに返します言うて、曲がりなりにも明治維新[※58]とか、大日本帝国憲法[※59]とかあって、苗字をつけたり、土地の移動ができるようになって私有財産が認められたり、今までなかったものがわっと降ってきた。

その後、第二次世界大戦で負けて、日本国憲法[※60]になったら、今度は侵すことのできない永久の権利として基本的人権[※61]ができちゃった。

だから、全部、上から降ってきているんですね、自由とか平等とか権利とかというものも。獲得したというか、自分たちが勝ち取ってきた感覚がすこぶる薄い。勝ち取ってないものは、大事にしないのです。

前川　そうですよね。もらったものだからね。

谷口　失っても、また手に入るに違いない、降ってくるに決まっている。

前川　どうせ拾った恋だもの、みたいな。

谷口　（笑）そんな感じですよ。そもそも持ってなかったし。

※59
1889（明治22）年2月11日、明治天皇によって公布され、翌年11月29日に施行された。プロイセン憲法を参考に伊藤博文、井上毅らが起草、枢密院で可決。三権分立の原則、臣民の権利・自由の保障を取り入れながら、天皇主権。

※60
1946（昭和21）年11月3日公布、47年5月3日施行。敗戦後、マッカーサーから指示を受け日本政府は憲法改正に着手するも、最初に提示した改正案をGHQが拒否。その後、GHQ側からいわゆるマッカーサー草案が提示され、政府はさらに検討を重ね草案を作成し、議会が修正を加えた。

※61
日本国憲法第11条「国民は、すべての基本的人権の享有を妨げられない。この憲法が国民に保障する基本的人権は、侵すことのできない

前川　そこが弱い、脆弱さがありますよね。私もいつも感じます。

谷口　社会を形成するにあたっての主権者意識というか、そういうものも、ものすごく希薄です。自分がこの社会を背負って立つなんて誰も思ってないように見える。税金を払うことすら、何で払わなあかんの？と思ってる。誰も何も出せへんかったら、超お金持ちの篤志家とかが出てきてくれへん限り、鉄道網とかも整備されへんで、みたいなことだと思うんですけど。そういう意識ないですよね。

前川　ないですね。本当の意味でのパブリックっていうかな、そういうものがない。「公共」の「公」という字は、大宝律令の公地公民から来ているらしい。つまり日本の「公」とは天皇のものということ。

谷口　お上なんですね。

「公」はお上から与えられるものだと思っている日本人

前川　[※62]民主党政権のときに「新しい公共」という言葉が出てきたけど、

永久の権利として、現在及び将来の国民に与へられる。」

※62
２００９年（平成21）８月末の衆院選で自民党を破り、民主党・鳩山由紀夫内閣が誕生。10年６月８日、菅直人内閣が発足する。12年12月26日、３人目の野田佳彦内閣が総辞職して、民主党政権は１１９８日で終焉。

新しい公共って改めて言う必要はなくて、本当のパブリックは、一人ひとりが当事者としてつくり上げていくものですからね。

教育基本法の中にも、「国家及び社会の形成者の育成」って書いてあるんだけれど、これは、まず一人ひとりが人格を持って、主体性を持って、それがつながり合ってパブリックをつくっていく、社会をつくっていくということ。「形成者」という言葉は、公共の仕組みを自分たちでつくっていく人、という意味ですからね。まさにその担い手を育てるのが教育のひとつの目的ですよ、って書いてあるわけですけど、その部分がどうしても欠落しがちです。「公」はお上から与えられるものだと、そういう意識が今でもまだ残っているんじゃないですかね。

谷口　社会科の科目に「公民」っていう言葉が残っていますしね。

2020年度から始まる教科「公共」は高校版「道徳」

前川　2020年度から、高等学校の新しい教科に「公共」[※63]という科目

※63
「様々な選択・判断をする際に手がかりとなる概念や理論、公共的な空間における基本原理を理解する」ことなどを目的に、2020年から高校で必修になる科目。安全保障問題や領土問題、国際貢献における日本の役割などをテーマに設定し、討論や模擬選挙などの活動を通して、主権者として政治に参加する資質を育む…らしい。メディア・リテラシーの育成も行うそうだ。

が入るんです。

　実は、２００６年に改正された教育基本法の中に「公共の精神」という言葉が出てくる。教育の目標として「公共の精神に基づき、主体的に社会の形成に参画し、その発展に寄与する」と書いてあります。

　高等学校には道徳の時間がないんですが、その代わりに今の政権与党が考えたのが、高校版の道徳、すなわち「公共」。今までの「現代社会」とか「政治・経済」といった教科をなくして、新たに「公共」という教科をつくる。この場合の「公共」は、公のために滅私奉公[※64]しなさい、自分を犠牲にしろ、という意味で、これを教育に持ち込もうとしている人たちがいるわけ。これが危険なんですね。

谷口　パブリックというものがそもそも何か分かってないから、プライベートというものに対してもものすごく鈍感ですね。余暇とか有休を取ることはダメ、いつまでも働いてなきゃいけない……英語のパブリックとプライベート、実は日本語の感覚とはまったく違うのでしょうね。

※64
私心を捨て、国や社会のために尽くすこと。

※65
『論語』泰伯編にある孔子のことば。民は法律に従わせておけばよく、その意義や道理を理解させる必要はないという意味で使われているが、実は法律によって人民を従わせることはできるが、その法律を理解させるのは難しいという意味。

※66
生かしもせず、殺しもせず、かろうじて生きていける状態に置いておくこと。

お上が嘘をつくとは思っていない

谷口　「公共」について深く考えれば考えるほど、本当は市民というか社会の構成員として生きることをすごく自覚せざるを得なくなるはずなのに、日本型の「公共」は滅私奉公になる。英語で「お上」は何？

前川　何でしょうね。オーソリティーか。

谷口　パブリック・オーソリティーかな、説明しにくい概念ですね。「世間」という言葉も説明しにくい。「社会」と「世間」の違いがあるのにね。

前川　「民は之に由らしむべし。之を知らしむべからず」[※65]の時代とあまり変わっていない。

谷口　そうですよね。お上が嘘つくと思ってないですからね。お上は人権とか平等とか自由を降らしてくれた人だから、そこまで悪くしないだろうみたいな。江戸時代の「生かさず殺さず」[※66]みたいになってきている。

前川　確かに自民党の人の中には国家が先にあって、国家が憲法によって国民に人権を与えているんだという人、いるんですよ。天賦人権説[※67]は

※67
すべて人間は生まれながら自由・平等で幸福を追求する権利をもつという思想。18世紀にルソーなどの啓蒙思想家により主張され、アメリカ独立宣言やフランス人権宣言に具体化された。日本でも明治維新後に福沢諭吉・加藤弘之らの民権論者によって広がった。

※68
絶対王政下の王権神授説をやめ、自由で平等な個人が互いに契約を結ぶことによって国家や政治社会がつくられたとする思想。

※69
「魏志倭人伝」に登場する、2世紀末から3世紀前半の邪馬台国の女王。

※70
日本神話の最高神。伊勢神宮に祀られ、皇室の祖神。

間違いだ、ということを平然と言う。

谷口　だから自民党の憲法改正案では、人権は輸入されたもので、古来あったものではない、みたいな言い方をするんですね。天賦人権説を否定するんやったら、そもそも近代国家として成り立っているということを否定しなきゃいけない。社会契約[68]で結びついているという、我々の今の社会を構成している見えない契約を否定していることになります。

前川　そうそう。そういう感覚です、あの人たちは。日本独自の公共みたいなものがあるんだ、みたいなね。

谷口　ぜひ聞いてみたい、[69]卑弥呼《ひみこ》とかに（笑）。

前川　（笑）あの人たちは卑弥呼じゃなくて[70]天照大神《あまてらすおおみかみ》だからね。日本は天照大神から始まっているんだと。[71]国体論なんですよね。

民主主義を勝ち取った韓国と、棚ぼたの日本

前川　さっきの「勝ち取ったものではない」という話で思い出したのは、

※71
日本は万世一系の天皇により統治された優秀な国民の国だという明治憲法下で、国民教育の理念として国民精神の形成に強い影響を与えた思想。近年復活の兆し。

※72
１９８０年（昭和55）５月に韓国で起こった光州事件を世界に伝えたドイツ人記者と、彼を光州まで送り届けたタクシー運転手の実話をベースに描いた作品。韓国で１２００万人を動員する大ヒット、日本でも２０１８年に公開され話題に。

※73
１９８０年５月18日から27日にかけて光州市を中心に起きた学生や民衆による民主化を要求した蜂起。デモ参加者は約20万人にも及んだ。市民を暴徒とみなした軍は無差別に弾圧。死者は民間人で１６８人、軍人23人、警察４人、負傷者は４７８２人、行方不明４０６

韓国映画『タクシー運転手　約束は海を越えて』※72です。これは１９８０年の光州事件※73が起きた時代の話なんですね。ドイツのジャーナリストが、金もうけのために雇った運転手と最終的には同志的なつながりができるという物語なんだけど、映画をきっかけに光州事件について改めて考えてみたんですよ。

金大中《キムデジュン》※74とか盧武鉉《ノムヒョン》※75とか、今の文在寅《ムンジェイン》※76政権の源流も光州事件にあって、全斗煥《チョンドゥファン》※77の軍事政権に対して学生や市民が立ち上がって戦ったわけですよね。近代化は日本よりも韓国は遅れたかもしれないけど、民主化は韓国のほうが進んでいる。ああやって実際に勝ち取っているんだもん。

谷口　韓国のことをすごく遅れている、経済的にも日本が上だと思っている人って、いまだにいっぱいいるじゃないですか。でも私たち、人権とか、慰安婦のこともそうですし、憲法裁判所なんかでも、日本だとあそこまででけへん。権力者を弾劾するだけの力が今の日本の裁判所にはないし、国会にあるかと言われるとないし。

前川　韓国は勝ち取ったデモクラシーだと思うんですよね。そこがやっ

人という大きな犠牲を出したと言われている。

※74
光州事件で内乱陰謀の首謀者として死刑判決を受けるが、刑の執行停止後アメリカへ亡命。その後、帰国し１９９８年４度目の挑戦で大統領に就任。２０００年平壌を訪問し金正日総書記と南北首脳会談を行い、ノーベル平和賞を受賞。

※75
２００３年２月大統領に就任。金大中の〈太陽政策〉を継承。２００８年退任。親族への不正献金疑惑が検察によって追及される中、２００９年５月自殺。

※76
朴槿恵の弾劾・罷免に伴う17年5月9日の大統領選挙で当選、翌日就任した。18年4月27日には、北朝鮮の金正恩朝鮮労働党委員長と板門店「平和の家」において11年ぶりの南北首脳会談

ぱり勝ち取ってない、もらっちゃった、棚ぼたの日本とは決定的に違う。

谷口　棚ぼた的に臣民の権利になっちゃった、戦争に負けたら人権が降ってきちゃった、みたいな。それこそ私たちのおじいちゃん、おばあちゃんたちが民主主義を勝ち取ったんだ、という意識はとても薄いですね。

前川　でも、日本にも民主主義の流れはあったわけですからね。自由民権運動のころからずっと。婦人参政権も含めてそれなりの。憲法第97条[※78]でいうところの「自由獲得のための人類の努力の成果」という、その「人類」の中には、ちゃんと日本人も入っているんだけどな。

そこにはマグナ・カルタ以来の国権を制限しようとする、権力を抑えて自分たちが主権を勝ち取ってくる、その過程がずっと長くあった。人類の歴史、人類の努力の成果を学ぶことは、とても大事ですね。

谷口　大事ですよね。それこそが教育ですよね。

を実現。

※77
民主化運動が高まる中、国軍保安司令官だった1980年5月、非常戒厳令をしき、金大中ら野党指導者を逮捕、光州事件に軍を投入して弾圧。同年9月大統領に就任。88年に政権交代をしたが、権力犯罪、不正蓄財を糾弾され、国民に謝罪し隠遁生活へ。95年クーデタや光州事件の責任を問われて逮捕、96年ソウル高裁で無期懲役判決を受けたが、翌年特赦により出獄・復権した。

※78
「この憲法が日本国民に保障する基本的人権は、人類の多年にわたる自由獲得の努力の成果であつて、これらの権利は、過去幾多の試錬に堪へ、現在及び将来の国民に対し、侵すことのできない永久の権利として信託されたものである。」

第2章 ヤンキーとカオスとラグビーで批判力を磨く

先生相手に「なんで?」と聞くヤンキーたちは正しいと思っていた

谷口　私は中学生のとき、周りがヤンキー[※1]ばかりだったんです。中学校はそれこそ窓ガラスが割られたり、尾崎豊[※2]じゃないけど隣の中学から盗んだバイクで何人もやって来て、運動場をぐるぐる走るようなところだったんです。教頭先生が、「俺を倒してから行け」と言って校門に立つんだけど、あっさり倒されて、「あっ、教頭!」なんてこともありました。でも体育会系や生活指導など普段こわもての先生は門におれへん。その点、「逃げなかった教頭、偉いやん」「教頭の言うことだけ聞こう」ってことで教頭先生の株がめっちゃ急上昇していました。

　ヤンキーの友達の何が面白かったかというと、理不尽なことは「何で」ってちゃんと聞くんですよね。例えばスカートの丈が膝下15センチじゃないとダメって言われたら、「何でそうしなきゃいけないんですか?」って聞く。先生が「校則だから」って答えると、「誰が決めたん

※1
不良、または不良っぽい人の総称。1970年代から80年代、大阪・アメリカ村界隈でアロハシャツなどを着た派手な若者のことを「ヤンキー」と呼んでいたのが全国に広がった……との説も。

※2
高校生だった1982(昭和57)年、オーディションに合格し、卒業直前に中退。58年シングル「15の夜」、アルバム『17歳の地図』でデビュー。

ですか？」とさらに詰め寄る。何で守らなあかんのかみたいなところをすごい聞くんです。そんな彼らを見て、私はすごく正しいなと思っていました。

前川　確かに正しいですよね。

谷口　例えば、校則で髪の毛が肩についたら、女の子は何か知らんけどくくらなあかん。眉毛に前髪がかかったらそれも切らなきゃいけなかった。私の友達のえっちゃんは額がものすごい狭い子で、その子は3日に1回ぐらい髪の毛が眉にかかるんですよ。その度に先生に切られてて。髪の毛切られること自体おかしいし、眉毛が上のほうにあってすごいバランスが悪くて、それもおかしくて。

前川　眉毛は剃っちゃいけないのか。剃って眉を書くとか。

谷口　私たちも剃って描いたらとか、麻呂にしたらどやとかいろいろ言っていたんですけど、それより何で先生に髪の毛を切られなあかんのやろと疑問に思うわけです。

前川　おかしいです。これはまさに人格的自律権[※3]に対する侵害ですよ。

※3
自己決定権。個人的な事柄について、公権力から干渉されることなく、自由に決定する権利。日本国憲法第13条で「すべて国民は、個人として尊重される。生命、自由及び幸福追求に対する国民の権利については、公共の福祉に反しない限り、立法その他の国政の上で、最大の尊重を必要とする。」と定められている幸福追求権の一部。

自分の髪を切る切らないは、自分で決められるはずなんでね。中学生といえども、それは人権ですよ。それを、学校の教師だからといって勝手にはさみを持ち出して切るというのはあり得ません。

谷口　最低でしょう。だから私は「先生それはおかしい。決まりやと言うけど、でもこの子の額見たりや。どう見てもおかしいやん」、みたいな感じで抗議しました。今だったらもっとちゃんと反論できるんですけどね。一方、ヤンキーはヤンキーで先生に反抗してすだれみたいな前髪にしてきたり、まっ茶っ茶に染めてきたりとかする。今でも大阪や沖縄では、頭髪チェックあるんです。もともと茶色い毛の子も黒く染めなきゃいけない。地毛証明[※4]みたいなのを提出させる学校も。

前川　大阪の高校でありましたね。

谷口　今でもやっているんです。この間、友人の高校生の息子さんが金髪でドイツ留学から帰国したら、戻った公立高校の先生から金髪のままだったら卒業させへんって言われたそうです。本人は何があかんねん、弁護士に聞いてくると言い出して。まぁ、結局は自分の中で、悔しいけ

※4
髪の毛を染めたりパーマをかけたりしているのではなく、生まれつきの髪だということを証明するために、高校入学時に一部の生徒に提出を求める書類。

ど今はそれを飲んで黒に戻すが、またやったんねんってことで落ち着いた。でも、学校が「戻せ」と言っていることに対して疑問を抱かない子のほうが、私は怖いと思うんです。

だから、私はヤンキーの友達がすごく好きでした。中学生くらいのときって先生が権力の象徴なので、その人たちにおかしいって言い続けてきた、あらがってきた経験は大きいですね。

家庭も大事だなと思うのは、学校でとか外でおかしいと思ったことを家に帰ってきて話したときに、「ほんとおかしいよね」って言ってくれる周りの大人がいれば生きていけるんですよ。ところが、家で否定されたり、内申書に響くから黙っていろみたいなことを言われると、どこにも言えなくなって思考が止まっちゃう。

そういう意味ではうちの親は、私が何を言っても否定はしなかったな。

前川さんはどうでした？

大学の学園紛争が中高に飛び火し、カオス状態に

前川　うーん。大体おやじは家にいなかったので、話をすることはほとんどなかったな。母親は、こうしなさいとか、ああしなさいとか、ほとんど言わない人でしたね。そこは非常に良かったですね。うちの中ではほとんど無規制状態というか。

　私、東京の私立[※5]麻布中学・高校なんですけど、私が在学していた間、ずっと学園紛争があったんです。中2の1968年、昭和43年と言えば、東大、日大で大学[※6]紛争が起きていた。それがあっという間に飛び火してきて、制服[※7]廃止運動とか、大学生のお兄さんのまねしてヘルメットをかぶって角棒を持ったり、学校の中がだんだんカオス状態になっていった。非常に穏やかな校長がいたんですけど、その人が辞めてしまって。

谷口　穏やかすぎて？

前川　うん、「もう無理です」と言って。その代わりに理事会が送り込んできた校長代行というのがとんだ食わせ者というか犯罪者で、あとに

※5
東京都港区にある「男子御三家」と呼ばれる名門中高一貫の私立校。自由闊達《かったつ》・自主自立の校風で、政財界はもちろん、フランキー堺、小沢昭一、吉行淳之介や北杜夫、山口瞳、倉本聰など多彩な人材を輩出している。

※6
1960年代後半に大学内で起こった紛争。学問、教育、研究、大学の自治、社会体制の変革、国家権力の打倒など目指す方向・目的は様々だった。

※7
大学紛争の影響もあり、1970年代、全国の高校で制服廃止を求める運動が起こった。生徒会が制服廃止を提案し、生徒会総会で決議。制服廃止を決めた高校も少なくない。中には教職員の抵抗に遭い、断念した学校もあるが、今考えるとあれも小さな市民革命だった。

なって、学校の金を使い込んでいたことがわかるんですよ。
谷口　何ちゅうやつや。
前川　その校長代行はとにかく力で抑えようとする人で、授業が終わったら早く帰れとか、学校でうろうろするなと言う。それがかえって火に油を注いだ。
谷口　そうでしょうね。
前川　それで、単に一部の生徒が暴れているだけじゃなく、あんな校長代行は嫌だと、多くの生徒が校長排斥に動き出しちゃったんです。実際、私はノンポリ[※8]だけど、それでも、あんな校長嫌だって思いました。ついには教師も校長代行執行部につく人と反執行部に分裂。先生同士が対立し、生徒もしっちゃかめっちゃかになって、学校が無秩序状態になった。
谷口　（笑）アナーキー[※9]。
前川　そう、アナーキーなんです。つまり、ひとつのピシッとした権威がないわけで。それでも毎日、何とか授業はやっていましたけどね。
谷口　そんな状態で授業ができるって、さすが麻布（笑）。

※8
nonpoliticalの略。政治問題に対して無関心であること。そういう人。

※9
anarchy。政府が機能せず社会秩序が混乱している状態。無政府状態。

前川　確か、高2の秋だったかな。ロックアウト[※10]で学校が閉鎖されちゃって、急に秋休みができちゃった。それで、お、いいなと友達と一緒に長野県に遊びに行ったりしましたよ。

谷口　（笑）

無秩序、カオスな中で身についた自分自身で考える習慣

前川　そういう学校の中が無秩序だったというのは良かったと思いますね。要するに、自分で確かだと思ったもの以外は信じちゃいけない。アプリオリ[※11]に信じる対象がないわけです。大人もばらばらになっているし、生徒の中もばらばらだし。

でも、結構ホームルームで議論はしょっちゅうやりましたよ。例えば、ごく少数ですが保守的な傾向の校長代行支持派の生徒もいるので、彼は「この学校が嫌ならば君たちはやめればいい。ここは私立学校なんだから」と言うわけです。まぁ、これはこれでひとつの論理はある。

※10
lockout。労働者の争議手段に対抗して、雇用者が工場、作業場などを一時閉鎖し、就業を拒否すること。また、学生のストなどに対して、学校側が全学を封鎖すること。

※11
a priori。ラテン語で、「より先なるものから」の意。「先天的」ないし「先験的」と訳される。哲学者・カントは、その真理性が経験に左右されない判断をアプリオリな判断と呼んだ。

一方で、「いや、そうじゃない。学校はもともとパブリックなもので、私立学校といえども公的なものなんだから、人権は守らなければならない」とか、「意見を言う権利はあるはずだ」とか真っ当なことを言うやつがいて、いろんな意見が闘わされていました。その中では、自分自身で考えるという習慣がつきますよね。なにしろ頼れるものがないから。

谷口　拠って立つものがないというのは、そういうことですね。

前川　自分しかないというね。カオスの中にいたなら、自分を信じる以外に信じるものがない。

谷口　強くならざるを得ないですね。判断も自分でしなきゃいけないし。

脱原発を宣言した城南信用金庫前理事長・吉原毅は同級生

前川　それが反面教師的に、いい効果を生んだんだと思うんですね。私の同級生に、[※12]城南信用金庫の前理事長で[※13]吉原毅という男がいるんです。

谷口　城南信用金庫の理事長時代に、[※14]脱原発をはっきり宣言した方です

※12
東京都品川区に本店を置く大手信用金庫。あくまで「お客様本位」で、顧客に損失を与える可能性のあるリスク商品は一切取り扱っておらず、カードローン等の消費者金融業務は行わない。創立以来、「貸すも親切、貸さぬも親切」という融資の基本原則を貫き、バブル期にも株や土地などへの投機を目的とした融資は一切行わなかった。

※13
城南信用金庫顧問、原発ゼロ・自然エネルギー推進連盟会長。２０１０年11月に城南信用金庫理事長に就任。東日本大震災を機に脱原発キャンペーンや自然エネルギーの導入を提唱したことで有名だが、「人を大切にする、思いやりを大切にする」企業を目指し、自らの年収を支店長より低い１２００万円に抑えたり、60歳を定年とし自らも辞任するなど改革に取り組んだ。

よね。あのとき、城南信用金庫の株を買おうかって本気で思いました。

前川 彼は僕と同級生で同じラグビー部だったんですけどね。

谷口 えっ前川さん、ラグビー部だったんですか。

前川 うん、ラグビー部だった。

谷口 私、今それ初めて聞きました。ええっ！

前川 森喜朗さんには決して言わなかったんですけどね（笑）。吉原君と私は4番と5番のポジションで。

谷口 ロック※15だ。

前川 お互いのジャージをつかんで、スクラム※16の中でよいしょ、よいしょってやっていた。

谷口 プロップ※17のお尻に頭を突っ込むやつですよね。

前川 そうそう。しんどいんです。

谷口 前からも後ろからもやられる。

前川 スクラムのど真ん中にいる。それを彼と二人でやっていた。彼なんかも自分で考えていますよね。

※14 2011年3月11日、東日本大震災による東京電力福島第一原発の事故後、城南信用金庫では4月1日、「原発に頼らない安心できる社会へ」というキャンペーンを開始。省電力・省エネルギーのための「節電プレミアム預金」など関連商品も発売。12年11月には原発の経済的問題を研究するシンクタンク「城南総合研究所」を設立。

※15 ラグビーでスクラムを組んだとき、フロントローとバックローに挟まれる中間のセカンドローと呼ばれるポジション。背番号は4番が左ロック、5番が右ロック。

※16 ラグビーの試合を再開するセットプレーのひとつ。1列目のフロントロー3人、2列目セカンドロー2人、3列目バックロー3人の1チーム計8人ずつがぶつか

谷口　そうですよね。私も吉原さんの書かれたものを拝読しました。

前川　彼は、信用金庫は銀行のように堕落してはいけない、信用金庫というものは社会・公共のためにあるのだから、金儲けに走っちゃいけないという経営哲学を持っている。だから、原発推進企業には一切、金を貸さないと決めた。福島第一原発の事故があって、すぐ東電の株を手放しましたからね。

彼も私も、そんなに目立つ活動的な生徒だったわけじゃないんです。だから当時は、随分思い切ったことをするなと思いました。

谷口　同じロックやったけど、おまえ思い切ったことするなと思ったら、数年後にはたぶん吉原さんも「前川、おまえもな」って（笑）。前からも後ろからもロックでやられていた俺らな、みたいな（笑）。

前川　彼もそういう思想的カオスの中でもまれた経験があったから、自分の信念を持つ方向に動いていったんじゃないかな。

り合い、ボールを奪い合う。スクラムを組んだままインゴールまで押し込んで奪うトライを「スクラムトライ」と言う。

※17
ラグビーで、フォワード第1列の両端のふたりの選手。

思想的に同じ側にいる人にも批判できる日本人がいない

谷口　政治的信条がいわゆる右であろうが左であろうが何でもいいと思うんですけど、教義的なものというか、教条的[※18]なものになると怖いなって思うじゃないですか。こっち側の人が言っているから全部正しくて、反対側の人が言ったら全部違うんだみたいな。

いわゆる左翼的であろうが何であろうが、ダメなものはダメっていう感覚と、それを言えるだけの自分に自信を持っていない人が圧倒的に多いですよね。最後に信じられるものは自分の感性で、ダメなものの基準が自分の中に軸としてあるという大人が増えないと、本当にダメですよね。思想的に言うと、自分のチームにいる人はどんなに悪いことをしてもかばうんですよ、右の人も左の人も。そのくせ相手方のミスというのは、鬼の首とったみたいに騒ぎ立てるから、何を批判していたのかが分からなくなる。

例えばどっち側にも脱税する人がいたりとか、公職選挙法違反の人が

※18
特定の原理・原則に固執し、事実を無視して、応用のきかない考え方や態度。

いたりするのに、自分サイドの人がやったときは沈黙したり、大したことじゃないみたいな言い方をするんです。だから、「それはそれでおかしいです」という批判が内部から出ることは、なかなか今の日本にはないですよね。

前川　そうですね。教条主義は、右であれ左であれ、危険ですよね。

谷口　危険ですよね。誰だって間違えるっていう前提だったら、この人が言っていることはいつも割とましだけど、ときにはおかしいな、と感じることもなかったらダメだと思いますし。

花園ラグビー場の中に住んでいた

谷口　実は私、花園[※19]ラグビー場に住んでいたんです。しかも、中に。

前川　中、ですか？

谷口　小学校1年生から高校1年生、6歳から16歳まで暮らしていました。昔、花園ラグビー場って近鉄の持ち物で、私の父が近鉄でラグビー

※19
1929（昭和4）年、東洋一の規模を誇るラグビー専用球技場として開場。当時は近畿日本鉄道（近鉄）の所有だったが、2015（平成27）年からは東大阪市の所有。高校ラグビーの会場で、「花園」の愛称で呼ばれている。18年に大規模改修され、19年にはラグビーワールドカップ会場として使用される。

をしていて、「世界のサカタ」と呼ばれてラグビーの殿堂入りもした坂[※20]田好弘というおじさんの反対側のウィングで、日本一になったりとかしていたんですね。

前川　ああ、そうなんですか。

谷口　引退した後に父に近鉄[※21]ラグビー部のコーチを、そして母には寮母になってほしいというオファーがあって、ラグビー場のメインスタンドの下にあった近鉄の寮に家族で引っ越しました。だから私は合宿所で10年、マッチョな体育会系と楽しく暮らしていたんです。

前川　ほぉ。

谷口　そういう意味で、私の生活もかなりカオスでしたよ。スッポンポンの男性の裸体を老若問わず、国籍も問わず１０００人以上見ています。ラグビー場のお風呂ってひとつしかないんです。私、お風呂のすぐそばの部屋に住んでいたので、ドアを開けるとそこにマッチョな裸の男性がいるわけです。そのころの話が、あまりに『じゃりン子チエ』[※22]みたいな話なので、知人の間ではこれは朝ドラになるんちゃうって盛り上がって

※20
１９４２年大阪市生まれ。同志社大卒業後、近鉄ラグビー部へ。大学時代に2度全国制覇。社会人で4度日本選手権に優勝。69年、単身ニュージーランドに留学し、カンタベリー州代表、ニュージーランド学生選抜などに選出された。「世界のサカタ」と呼ばれ、２０１２年には東洋人として初めてラグビー殿堂入りを果たしている。

※21
現在は「近鉄ライナーズ」。１９２４（昭和４）年創部、近鉄の実業団ラグビーチーム。ホームグラウンドは花園ラグビー場。

※22
はるき悦巳の漫画。大阪・西成あたりを舞台に、ホルモン焼き屋を切り盛りする元気な女の子・チエと父親・テツを取り巻く人々の暮らしを描いている。アニメ化もされ人気に。

います。

前川　それはなりますね。でも、スッポンポンとか、どうやって撮るんですか（笑）。

谷口　そこはモザイクで。要は、大家族の物語なんですね。田舎から出てきた高卒の子とか、しんどくなって夜逃げしちゃう子とかいろんなことが起こる中で、たったひとり女の子が育ったら、こんなんなりました。

前川　なるほど。面白いですね。

２０１８年、法学者を感動させたラグビーの「ロウ」削減

谷口　ラグビーって競技規則を「ルール」ではなく、「ロウ（Laws）」と言います。実は２０１８年に、なんと、ロウが削減されたと、ラグビージャーナリストの村上晃一さんが教えてくれました。

前川　あ、そうなの？　知らなかった。

谷口　基本、ルールとかロウって増えていく傾向にしかないのに、減っ

ているんです。ラグビーというのはレフリー[※23]であってアンパイア[※24]じゃないし、ラグビー憲章[※25]に基づいて、友情とか信頼とか公平、公正とか、そういうものに基づいて考えたら、べつに細かい規定がなくたっていいよね、みたいな感じで減ったんだそうです。野球のルールブックがすごい分厚いのに比べて、ラグビーのロウブックは薄かったのに、ロウが減ってさらに薄くなっちゃいました。

例えばタックル[※26]でこかした後に、相手をどついてええかと言ったら、それは品位がないですよね。

前川　そうですね。

谷口　ラグビー憲章の中には品位の概念があって、そもそも品位がないことをしたからダメ。それに鑑みれば、どついたらあかんということまで書いていたけど、必要ないなと。首から上のいわゆるハイタックルなどもそもそも危ないし、品性を欠くプレーだからそこまで書かなくてもいい。

要は、友情でもあるわけですよ。仲間をつぶしたら遊べなくなるじゃ

※23
競技の審判員。サッカー・ラグビー・レスリング・ボクシングなどの主審。

※24
もともとはフランス語で「裁定者、対等でない人」が語源で審判員。バドミントン、野球、クリケット、テニス、卓球、バレーボールなど、一般に試合会場で審判員のいる位置が決められている競技に用いる。

※25
ラグビーの基本原則を定義したもので、そこには品位(INTEGRITY)、情熱(PASSION)、結束(SOLIDARITY)、規律(DISCIPLINE)、尊重(RESPECT)の5項目が記載されている。

※26
ボールを持った選手をつかまえ、ボールを地面に触れさせる、または地面に倒して前進を阻むプレー。相手

ないですか。相手が15人全員倒れてしまったら遊んでくれる人がいなくなるし、それはそれで困るよねみたいな話でもあるので。

ワールドラグビーのロウが55%削減されて、私、法学者として、とても感動したんです。

前川　確かにルールをつくると、ルールすれすれは許されるでしょって話になりますよね。十分危険なのに、首から上じゃないからいいとすれすれを狙ってタックルしたり。

谷口　ぎりぎり首じゃないとかね。

前川　それにしても、削減するのはすごいですね。私も、ラグビー部にいたけど、ロウはあまりよく知らなかった。前に投げるなとか、そのくらいのことしか知らずにやってた。

谷口　こけたときは放せとか、そんな程度ですよね。

前川　細かいことをよく知らないままやっていました。

の攻撃を止めるだけでなく、ボールを奪うチャンスを作るという目的がある。首から上にタックルするハイタックルは危険なプレーとして反則。

ラグビーを通じて取り組む人権や平和問題

谷口　私は今、ラグビーの社団法人の理事もやっていて、5人制のタグ[※27]ラグビーをSDGs[※28]などと絡めて、例えばジェンダー平等[※29]とラグビーみたいな取り組みをしています。元ジャパン（日本代表）だった子たちに、「あなたたち、ノブレス・オブリージュ[※30]が大事なのよ」と言いながら鍛えています。

　例えば「君たちが痴漢はダメだって言わなきゃいけないんだよ」って。何で女の人ばっかりが痴漢やめてって言わなきゃいけないの、何で男の人が乗り出さないの、男が痴漢をやるような男は許さないよって社会にキャンペーンしろよ。

　あるいは、ラグビーを通じて人権や平和の問題にもちゃんと取り組めるぞ。例えばパプアニューギニア[※31]やトンガ[※32]とかラグビーも強いけれど、海面上昇[※33]によって島に住めなくなったりして、君たちと一緒にラグビーしていた人たちが難民になるかもしれへんねんでみたいな話をすると、

※27
身体接触や地面に倒れるプレーがなく、タックルの代わりに相手選手の腰に付けたタグを取る。簡単なルールで安全にプレーできることから、老若男女問わず楽しめる。

※28
「Sustainable Development Goals（持続可能な開発目標）」の略称。2015年9月の国連サミットで採択された「持続可能な開発のための2030アジェンダ」にて記載された16年から30年までの国際目標。持続可能な世界を実現するための17のゴール・169のターゲットから構成され、地球上の誰一人として取り残さない（leave no one behind）ことを誓っている。

※29
誰もが性別に関わらず平等に機会を与えられる社会。世界経済フォーラムによる

「まじですか？」みたいな返事がきて。それでも、一生懸命話し続けて、ちょっとずつ実りつつあるところです。

前川　そう言えば、今はもうないかもしれないけど、当時麻布中学には「麻布ボール」という独自の競技がありましたよ。ラグビーに似たルールなんです。ボールもラグビーボールの小形版みたいな、アメフトのボールみたいな楕円形のボールを使って、全員でやるんです。

谷口　そんな独自の遊びがあるんですか。

前川　うん。ラグビーもどきの競技があって、ラグビー部に入ったのはそれがきっかけじゃなかったかな。まぁ、ラグビー部に入ったのは落ちこぼれみたいのが多かったんですけど。楕円形のボールって、どっちに転んでいくか分からないっていう面白さがあるじゃないですか。

谷口　予測がつかない。上手になってきたら、蹴ったボールがどこに戻ってくるのか分かるみたいですけど。

男女格差の度合いを示す「グローバル・ジェンダー・ギャップ指数」2018年版によると、調査対象となった149カ国のうち、日本は110位（スコア0・662）、G7最下位のお恥ずかしい結果。

※30
noblesse oblige。身分の高い人は、それにふさわしい社会的責任と義務があるという、欧米社会における道徳感。

※31
南太平洋にあるニューギニア島の東半分及び周辺の島々からなる国。

※32
南太平洋に浮かぶ約170の島群からなる王国。近年は海面上昇に悩むツバルから海外出稼ぎ移民労働者として移住してくる人も少なくないらしい。

ラグビーを選ばなかったムッソリーニと
ラグビーを愛したチェ・ゲバラ

谷口　ラグビーはＳＤＧｓともすごい親和性があるなと思うんです。ＳＤＧｓって、「誰一人として取り残さない」っていう概念じゃないですか。ラグビーの〝One for all, All for one〟も同じ概念だと思うんですね。一人はみんなのために、みんなは一人のために。だけど、決して全体主義じゃない。

　実は、イタリアのムッソリーニ※34が第二次世界大戦のときに、国威発揚のためにラグビーを使おうとしたんです。ところが、ラグビーは自分で考える競技なので国威発揚に向かない。そこで何を使ったかというと、みんなが同じ方向を向いて指示に従ってフォーメーションで動くサッカーでした。

　一方、チェ・ゲバラ※35は、キューバで一番最初のラグビーマガジンの編集長なんです。

※33
二酸化炭素などの温室効果ガスによって地球の平均気温が長期的に上昇する地球温暖化によって、南極の氷が溶けたり海水が膨張したりして海水面が上昇すること。21世紀中に最大82センチ上昇すると予測されおり、フィジー諸島共和国、ツバル、マーシャル諸島共和国など海抜の低い多くの島国では、高潮による被害が大きくなっている。

※34
イタリアの政治家。１９２２年、クーデターにより政権を獲得、ファシスト党党首、首相となる。一党独裁体制を完成し、ナチスのヒトラーと結んで第二次世界大戦に参入。

※35
アルゼンチン生まれの革命家。カストロに協力してキューバ革命を成功させ、その後南米各地で革命運動を指導。１９６７年にボリビ

前川　そうなんですか。

谷口　ゲバラはラグビーがずっと好きで、ラグビーの概念などを取り入れながらいろんなことをやっていたりするんです。

前川　そうなんですか。僕はゲバラが好きだけど、彼がラグビーを好きだったのは今まで知らなかったです。

谷口　ラグビーは試合が始まったら、グラウンドに出た人間だけが考える競技。レフリーとの交渉も選手がするんですね。また、ラグビーは反則でも笛を吹かないなど、実は法的な概念から見るとすごく面白い。慣習法が生きていたりする。

　だからこそ私はラグビー選手にちゃんとそういうものを知って、行動してほしいんです。単にグラウンドでやる格闘技ちゃうでと。

アで殺害された。文科省時代の前川氏のパソコンの背景画像はゲバラだった。

大西鐵之祐さんの名言「君たちはなぜ、ラグビーをするのか。戦争をしないためだ」

谷口　『闘争の倫理　スポーツの本源を問う』という哲学書も書いていらっしゃる早稲田大学ラグビー部監督だった大西鐵之祐[※34]さんが、こんな名言を残されています。「ラグビーをする若者よ。君たちはなぜ、ラグビーをするのか。戦争をしないためだ」。

前川　おおっ。

谷口　大西鐵之祐さんは、戦争にも行って実際に人を殺したりもしてはる。それこそすごいカオスになって。でも人を殺してぐちゃぐちゃになったときに、人間が最後に拠って立てるのはジャスティスを超えたフェアネスしかないんだと気が付き、そのフェアネスを涵養[※35]《かんよう》するスポーツはラグビーしかないと思われた。

実際には他にもあるでしょうが、大西さんはそういうふうにおっしゃって、早稲田ラグビー道というものをつくっていくんです。だけど、早

※34
元ラグビー日本代表監督。第二次世界大戦中、陸軍少尉でシンガポール作戦などに参加。敗戦を機に教育の道を志し、母校・早稲田大学の教授に。さらに、ラグビー部監督としても華々しい実績を残す。また、ラグビー日本代表の強化に尽力し、1966年に監督就任。68年のニュージーランド遠征でオールブラックス・ジュニアを破る。

※35
降水や河川水など地表の水が自然に土に浸透していくように、無理せずゆっくりと養い育てること。

大での最終講義では、そんなカオスというか、そういう状況になる前に、選挙でこの人はダメだ、あかんと思う人間を落とさなあかん、ということも言うてらっしゃるんです。

大西さんの早稲田大学の最終講義がすごく深くて、むちゃくちゃ面白いんです。ラグビーをするということは実は平和のためなんだと言われると、すごく暑かったり寒かったりする中で、あんだけぶつかって、家に帰って誰かとケンカしようかという気もなくなる。悪しき体育会系みたいになると良くないですけど、そうじゃなかったらすごくいいスポーツなんだみたいな話で。

前川　終わったときは「ノーサイド」って言うし。

谷口　サイドがなくなるってすごいですよね。だからそれは多様性であったり、許すということもそうだし。ボーダーというものを感じない。国境なんていうものは人間が人為的に引いたものやとか。

ラグビーの概念で言うと、仲間というのは同じチームの15人、相手チームの15人だけじゃなく、レフリーも仲間だし、観客も仲間なんです。

だからグラウンドの中にボールを入れることを、スローインではなく観客側から見て「ラインアウト」[※36]と言うんです。。

前川　そうか。今まで知らなかった。

谷口　そうなんです。私がラグビーをすごく好きなのは、誰も取り残さない。そして誰でもできる。いろんな体格の子、足の遅い子、速い子。一度もボールを触らないまま試合が終わる子もいるんですね。

前川　いる。私がそうでした。ロックなんて一番損。

谷口　「キャー♥」言われるのもバックス[※37]じゃないですか。

前川　そう。バックスは格好良く走っているわけ。バックスが走っていると、後に一生懸命走ってついていって、ボールの取り合いになったらこっちが取り合って。

谷口　ぐしゃっとなって。

前川　その間バックスはラインをつくって待っている。本当に損ですよ、ラグビーのフォワード[※38]は。

谷口　損ですよね。だから、結婚相手にするなら絶対フォワードって言

※36　ラグビーでボールがタッチラインに触れたか外に出た後、再開するときのセットプレー。ゲームを再開するマークオブタッチを中心に1メートルの間隔を開けて両チームの選手がタッチラインと直角に一列ずつ並び、ボールを出した相手チームによりその間に投入されたボールを奪い合う。

※37　背番号9〜15をつけた7人。フォワードが獲得したボールを受け取り、トライやゴールにより得点につなげるポジション。

※38　背番号1〜8の8人。スクラムを組むメンバーで、最前列の3人を「フロントロー」、その後ろで支える2人を「セカンドロー」、最後列で押し込む3人を「サードロー」と呼ぶ。

われるんですね。粘り強いし、そういう意味で言うと、嫌な役目でも泥をかぶって引き受けられる人。でも、恋人はバックス。

前川　（笑）カッコいいんですよね。

谷口　華やかなところを全部持っていく。自分がカッコええと思っているやろ、おまえ、みたいなやつがやるんです。

前川　だったら、バックス重視の早稲田よりも、フォワード重視の明治のほうがいい。

谷口　そうそう。明治のラグビーは明治のラグビーで格好いいですよね。

前川　明治のラグビーのスクラムトライは感動します。自分もフォワードだったから、やっぱりグイグイ押していってスクラムトライというのはいいですよ。北島[※39]忠治監督の口癖と言えば、「前へ」。で、私は「奇兵隊、前へ！」というタイトルでブログを書いていたことがあるんですけど、これは「前川喜平」をもじっているんですよ。

谷口　ほんまや。

前川　「奇兵隊、前へ！」は、課長時代に三位[※40]一体の改革に反抗して書

※39
明治大学卒業と同時にラグビー部監督となり、95歳で亡くなるまでの67年にわたり明治大学ラグビー部監督を務めた。北島監督の「前へ」は明大ラグビーの代名詞。野球部の島岡吉郎元監督と並んで、明大スポーツのカリスマ的存在。

※40
小泉純一郎内閣が提言した地方分権と地方財政の改革案。補助金削減、国から地方公共団体への税源移譲、地方交付税の見直しの三つを一体的に改革するというもの。

いていました。その「前へ」というのは前川をもじっているんだけど、実はそこで念頭にあったのは明治ラグビーなんです。

谷口　北島先生は、フォワードをただの縁の下の力持ちにさせませんでしたよね。

道徳や体育は、自分のフェアを摩滅させる教育

谷口　2018年に、明治で監督をしていた丹羽政彦[※41]さんと、早稲田の監督をしていた清宮克幸[※42]さんと、ラグビー・ジャーナリストの村上晃一[※43]さんと私の4人で、北海道新聞の主催でラグビーのシンポジウムをしたんです。

前川　へえ。

谷口　そこで、単にワールドカップ誘致のためだけに盛り上がるんじゃなくて、ラグビーの持っている哲学というかプリンシプルというか、そういうものも感じてもらえたらいいという話になりました。

※41
明治大学ラグビー部4年時には第27回大学選手権決勝で早稲田大を破り大学日本一を経験。2013（平成25）年から明大ラグビー部監督就任。18年度で引退し、19年4月からは清水建設へ復帰。

※42
早稲田大学ラグビー蹴球部の元監督、ヤマハ発動機ジュビロ前監督。長男はプロ野球・北海道日本ハムファイターズの清宮幸太郎。

※43
京都市出身、京都在住のラグビージャーナリスト。ベースボール・マガジン社刊『ラグビーマガジン』編集長を務めていた。

前川　うん、フェアネスって大事ですよね。

谷口　それも誰が見てなくても、ルールがなくても、ロウがなくてもフェアであることというのは、自分の筋なんですよね。

前川　そうですね。

谷口　それを育てていく教育というのが一番本当は大事なところなのに、「道徳」という教科は自分のフェアを摩滅させる教育だと思うんです。

前川　その危険性が非常に高いんです、今は。

谷口　学校教育の体育も、自主性を育むスポーツとはまったく一線を画していますね。結局、水泳など強くなっている競技というのは全部、体育ではなく「スポーツ」なんですね。だけど、相変わらず体育的気質のあるものが今、顕在化してきていますよ。

文科省は国技を決めていない

谷口　それにしても、野球だけおかしいなといつも思うんですね。だって、高校生の競技を1回戦からずっとテレビ中継やっている。甲子園だから映るんであって、インターハイだって映らないでしょう。ひとつのスポーツというか競技に対しての、肩入れの仕方がおかしすぎませんか。よっぽど国民気質と合っているのかな。

前川　野球ね。国民スポーツというか、確かに国技と言ってもいいかも。

谷口　相撲は国技じゃないしね。そもそも日本には国技ってないんでしたっけ？

前川　知りません。相撲の会場は国技館ですけどね。

谷口　国技という定義の中に相撲が入っていないなら、何が国技なんですか。

前川　国技って誰かが決めているわけではないと思うけど。

谷口　それこそ文科省とかが決めそうですね。

前川　決めません、決めません。

谷口　決めないんですか。

前川　国技は決めません。

女子マネージャーがベンチ入りできなかった高校野球は、ある種の女人禁制状態

谷口　土俵[※44]に女性が上がれないと問題になったとき、国技なのにって誰かが言って、実は国技じゃないいんだとすごい論争になりました。でも野球だって、ずっと一緒にプレーしてきても、女子選手は甲子園には出られないわけでしょう。つまり、女人禁制なんですよね。女子マネージャーがベンチ入りできるようになったのも、１９９６年ですよ。甲子園練習に参加できるようになったのは、なんと２０１７年。

前川　ヘンな話。

谷口　ヘンな話ですよね。いつまでそういうのを続けるのか。しかも、それこそ宗教的背景に基づいてのケガレ意識とかで土俵に上げないというなら、突っ込みどころはあるけども理屈としてはわからなくもない。でも、甲子園がダメという理屈が全然分からない。
だって教育じゃないですか。高校野球なわけだから、高校に男子しか

※44
２０１８年４月、京都府舞鶴市で行われた大相撲の春巡業で、土俵上で倒れた市長の救助にあたった女性たちに対し、土俵から降りるよう求める日本相撲協会の場内アナウンスがあり、問題になった。

いないわけでもないし、男子だけがやっているわけでもないのに。

前川 それこそ理不尽なルール。

谷口 理不尽ですよね。

前川 合理性のないルールですよね。日本のスポーツは大体、学校の先生が支えていますからね。審判もそうだし。やっぱり体育から脱することができない。

谷口 結局、体育、悪しき体育会系に戻るんですね。なのに、それがオリンピックの強化選手などになるといきなり、「今まであなたたちが考えさせられてきたことは違うんだよ。自分で考えなさい」とか言われるわけじゃないですか。選手にしたら、これまでずっと言われたことをやったら強くなると言われてきたのに、突然どないしたらええねんと戸惑いますよ。結局、そういう体育的なものではダメなんだと切り替えができへん子は、強くなれないですね。

自己犠牲を教えているのに、“気が付く人間が損”と不満が出る日本

谷口　一時、指示待ち人間[※45]がダメだと言われてましたよね。

前川　だいぶ前ですね。「指示待ち族」なんていう言葉がありました。

谷口　最近は言われないとしないどころか、言われたこともしないとか言われていますけど、そんなこともないんですよ、実際は。自主性で言うと、気が付いた人間が気付いたときに動いたらいいやんっていうふうになっていったら、自分が気が付いたからやっといたよっていうことだけ言えばいいわけですね。

ところが日本の場合、気が付く人間が損みたいな、私ばかりいつもこれしてみたいな不満とかになりがちですよね、何でだろう。あんなに公共のために、公のために自己犠牲して動けって教えている割には、そういう教えというのは表向きで、本当に自己犠牲で動くということができるかっていうと、別に私のことちゃうし、ええわ、みたいな人が意外に

※45　自分から動くことはせず、常に指示されることを待っているタイプ。職場にひとりはいる?

多いですよね。

前川　そうですね。そこは自分たちが社会をつくっているという当事者意識というか、公共性というのは実は一人ひとりが支えているものなんだという意識が希薄ですよね。スポーツに引き移せば、チームの一員だという、チームをつくっていくのは自分たちだという意識があるか、ないかなんじゃないですかね。

谷口　やっぱりそうですよね。

前川　ラグビー精神を表す〝One for all, All for one〟は、一人ひとりがチームをつくっていくんだということですよ。全体の中のただのひとつの駒ではない。その意識のあるなしは大きいと思いますね。

谷口　本当にそうですね。

第3章

教育が直面している厳しい現実

杓子定規なことはせず、当事者の立場に立って制度を運用しようと心がけていた

谷口　文部科学省でお仕事されていて、「それはおかしいやろ」と思う教育行政ってありましたか？

前川　それは、ありますよ、理不尽なルールがありましたよ。例えば、小学校を出ていないと中学校に入っちゃいけない。これ、本当はおかしいんですよ。このルールを順守すると、朝鮮初級学校[※1]を出た人が日本の中学校に入りたいと言っても入れません。聞かないで入れちゃっている例はたくさんあったんですよね。そもそも、小学校を卒業していなければ中学校に入れないという考え方自体がおかしい。十分な学力があれば入学させたらいい。

谷口　学校長が相当と判断する学力みたいなやつですね。

前川　私は役所にいたときは、とにかく杓子定規なことはするなと言っていました。

※1
朝鮮総連と在日韓国朝鮮人により、民族教育と日本で生活するのに必要な教育が施されている。幼稚班、初級、中級、高級、大学校とある。日本の法律では各種学校扱い。ヘイトスピーチの対象になったり、補助金が大幅にカットされるなど、ここ数年特に厳しい状況に置かれている。

谷口　一番杓子定規なところにおられて、杓子定規なことをするな。すごい逆説的ですね。

前川　自分が当事者だったらどう思うかという視点でね、どんな制度も人間的に運用しましょうと伝えていました。

国会で嘘をついた、八重山教科書問題

谷口　そういえば、八重山の教科書問題のときも……。

前川　竹富町の教育長に、のらりくらりやっていてくださいと言いましたよ。その間に法律改正ができるでしょうからって。あのとき私は局長だったので、担当の課の職員もみんな、からくりを分かっていたんですね。言ってみれば、あれは私が大臣を欺いていたんです。

谷口　おぉ、面従腹背。

前川　大臣どころか、ちょっと問題があると思っているのは、国会でも嘘をついたんです。

谷口　あら。

前川　これは問題なんです。

谷口　もう時効ですよね（笑）。在任中の話なので。

前川　共同採択制度といって、公立の小中学校で使う教科書は複数の市町村で共同採択しなければいけないという、まったく理由のない制度があります。共同採択地区をどういうくくりにするかは、県の教育委員会が決めるんです。八重山には石垣市、竹富町、与那国町と三つの自治体があって、これは沖縄本島よりも台湾に近いところにあるので、これをひとつにくくるのは非常に自然ではあるんですね。

　そうしたら、石垣市の市長がゴリゴリの保守の人で、任命した新しい教育長が画策して、いわゆる〝[※2]つくる会系〟と言われている育鵬社の公民の教科書を採用しようとしたんです。で、与那国町は石垣市についたんですね。だけど、竹富町はこぞって反対し、別の教科書を採択したいと言って意見が合わなかった。

　それで2対1みたいな構図になったけれど、とにかく一本化しなきゃ

※2 新しい歴史教科書をつくる会では「これまでの教科書が日本を不当に悪く描いていたのを改め、子供たちが日本に誇りを持てる教科書で学べるようにすること」を目的に、『新しい歴史教科書』『新しい公民教科書』（ともに中学生用）を検定合格させ、すでに全国の学校で採用されている。

いけない。でも、一本化ができなかった。一本化ができないのは、どっちの責任でもない。にもかかわらず、当時の文部科学省は、多数のほうが正しいという変な理屈をつくったんです。

谷口　教育現場でそんなのはおかしいですね。

前川　それで、石垣市のほうが正しいんだから竹富町もそっちを使えと言い出した。問題が起きた当時の民主党政権はどう収めたかというと、石垣市・与那国町のほうが選んだ教科書は無償給与の対象にするが、竹富町のほうは無償給与の対象にしない。しかし勝手に使うんだったらどうぞと。そこで、竹富町は住民から寄付を募って、その寄付金で教科書を買ったんです。その教科書は22人しか使わないんでね。

谷口　（笑）出したるわ。出したるわ、私。

前川　ところが、その後、安倍政権になって下村博文さんが文科大臣になって、義家弘介[※3]さんが大臣政務官になった。

谷口　あのヤンキー先生だ！

前川　すると義家さんが、竹富町が育鵬社の教科書を使わないのはけし

※3
自民党所属の衆議院議員。「ヤンキー先生」の愛称で知られる。第3次安倍内閣では文部科学副大臣。加計学園問題では、前川元次官を「朝日新聞に利用されている」、朝日新聞を「バランスを失ったマスコミ」と批判。

からんと、またその話を蒸し返して、何としても育鵬社を使わせろと地方自治法上の「是正の要求」という手段まで採ったんです。

私はそのとき局長で、大臣や大臣政務官から違法な教科書を使うのはけしからんとこわもてで言われていたのですが、私自身はそもそも違法性はない、違法だというほうがおかしいのだから、最終的には裁判したら国は負けるだろうと思っていたんですね。是正の要求までしたけれど、従わない場合には国地方係争処理委員会で審査してもらう方法がありま す。さらにもしその審査結果に不服なら裁判したらいいと思っていたんです。その一方で、審査や裁判になったら竹富町はこういうふうに主張すべきだという書面を自分でちゃんとまとめておいてね、いざとなったらそれを渡そうと。

谷口　首謀者ですね。

前川　その前に、もうひとつの解決方法として、もともとの制度そのものを変えちゃう方法があって、これは法律改正が必要なわけです。

改正以前の法律はどうなっているかというと、町村は郡の単位でまとまっていなければいけない、と。郡なんて今どき使わないでしょう。

谷口　使わないですね。

前川　郡という単位がまだ生きている時代の制度で、ひとつの郡の中の町村は同じ教科書を使わなければいけないという、訳《わけ》の分からない規制があったんです。それを外そうと。共同採択という仕組みは残すにしても、どういうふうに共同採択地区をつくるかは郡の縛りを外して、市町村単位でどことどこをくっつける、郡をまたいでもいいし、郡の中を分けてもいいし、柔軟にしましょうという改正案を出したんですね。

そうすると、都道府県教育委員会が採択地区を決める際に、極端な話、全部ばらして市町村単位にしちゃうこともできるわけです。共同採択が事実上なくなる。そもそも私は、共同採択もおかしい、学校採択にすべきだとずっと思っていたんです。学校ごとに自分たちの学校にふさわしい教科書を使えばいいんですよ。

ただし国会では、その郡の縛りを外すのは、八重山のためにやるのでありません、郡という単位が時代遅れになっているので柔軟に共同採択地区をつくれるようにするだけのことです。八重山は隣接した地域とこれまでどおり共同採択地区になります、と答弁しました。

県教育委員会の教育長には、そう言うから口裏を合わせてくれと前もって話しておき、沖縄県の教育委員会、教育長も、法律改正後も八重山はひとつの共同採択地区にしておくつもりで、それは当然であると考えています、と説明しました。

そうやって本心を隠して法律を通しちゃった。

谷口　（笑）

前川　それまではずっとのらりくらりしていたんです。是正の要求をされても、今検討中です、検討中ですと言い続けてもらって。

それで法律が通った途端に、教育長の諸見里明さんに連絡して、すぐにやってと。要するに共同採択地区を分割しちゃったんです。育鵬社を使いたい人はどうぞ、だけど嫌だという人は自分たちが決めたものでいいよと分けちゃった。それでハッピー、ハッピーだったんです。

谷口　そうか。すごいですね。そういう事例というか、あるんでしょうね、いろんな省庁で。

前川　あると思いますよ。政治の理不尽なふるまいを、行政側というか、官僚側が知恵を出して何とか収めるようなことは今までも起こっていると思いますけどね。

谷口　気骨のある諸先輩がそういうふうにやってきたし、教育行政とはこういうものだというＤＮＡが、若い官僚の皆さんに引き継がれていったらいいのになと思います。

お上の言うことを聞く教師をつくるための教員免許更新制度

前川　それはあるはずなんですよ。文部官僚というのは非常に慎重なんですね。良くも悪くも現状を変えることを好まないというところがあって。それが、極端な方向から力が働いたときに、スタビライザー的に働くんですね。抵抗するわけですよ。例えば最終的には押し切られたけれど、教員免許[※4]の免許更新制という制度をつくるときも抵抗したんです。

※4
２００９年（平成21）、「その時々で求められる教員として必要な資質能力が保持されるよう、定期的に最新の知識技能を身に付けることで、教員が自信と誇りを持って教壇に立ち、社会の尊敬と信頼を得ることを目指すため」（文科省）、免許状に10年間の有効期間が付いた。更新に際しては2年間で30時間以上の講習の受講・修了が必要。文科省のサイトには、あえて「※不適格教員の排除を目的としたものではありません。」と記載されている。

谷口　そうでしたか。

前川　免許更新制の発想は、政治家から出てきたものです。10年に一遍、教員をふるいにかけて問題教員を排除するとか言ってね。問題教員ってどんな教員ですかって聞いたら、組合活動をやっている人だと言うわけ。

谷口　ええっ。

前川　そういう問題教員排除のために、10年に一度審査をするんですよ。要するに、お上の言うことを聞く教員をつくるために、10年に一度ちゃんと審査するからおまえらちゃんと振る舞えよ、っていうような、そんな考え方ですね。確かに生徒にわいせつ行為をするとか、しょうもない教員もいますが、それは懲戒処分する問題なんですよね。

谷口　そうですね。免許更新でわいせつ教員がいなくなるかというと、そんなことはないですよね。違う教育ですもんね。

教員としての適格性は教員免許授与時に判断できない

前川　そもそも教員免許状は、大学で単位を取ったらみんなもらえるもの。つまり、これこれの単位を取りました、という学歴証明にすぎないのです。

谷口　日本国憲法を取りましたとか。

前川　そうそう。もっと端的にぶっちゃけて言えば、教員採用試験の受験資格にすぎないんです。教員としてふさわしいかどうかは免許を授与する時点ではなく、採用する時点で見ている。免許は持っているけど採用されていない人はたくさんいるわけで、その人たちの免許をいちいち更新するということは本当に必要ですかという話ですね。

先生になっている人についての資質向上は考えたほうがいいとは思うけど、問題教員排除のために免許更新制というのは無理がある。教員として適格性を持っているかどうかというのは、免許状授与の時点では誰も判断してない。

谷口　大学の教員がそれを判断せよということですね。

前川　そうなんです。大学の先生がそんなことしていますかって。

谷口　してないです。日本国憲法の単位を取りましたよっていうだけ、私なんか。2単位、はいどうぞって。

前川　文科省はもともと免許更新制には反対だったんです。私は当時、教職員課長でした。森喜郎[※5]内閣で教育改革国民会議[※6]ができて、更新制が出てきた。森首相はさらに教育基本法の改正とか、18歳の国民すべてに奉仕活動を義務化するとか、訳の分からないことを言っていました。

谷口　そして、またオリンピックでみんなでボランティアって、あのオッサンの発想はずっと一緒や。

休まない日本人、中学の道徳教科書に「残業のススメ」？

谷口　最近、先生たちの働き方が問題になっていますよね。実際見ていても、中学校になってクラブに入ると土日もなく、これじゃあ先生自身も倒れるわなと思うんですけど、良くないですよね。休むことが罪悪と考えだすのは中学校以降なんやろうな。日本人は会社でも有休を取らな

※5
2000年4月に小渕首相の後継として総理大臣に就任するも、問題発言続出で翌年辞任。現在は東京オリンピック・パラリンピック競技大会組織委員会会長、日本ラグビーフットボール協会会長。早大ラグビー部に入部するも体を壊し退部・退学を決意。そのとき、大西鐵之祐監督に「ラグビーをやれなくなったから大学を辞めるというのは、実に愚かな考えだ。大学生活で、ラグビー部のレギュラーになる以上の何かをつかみとれ」と一喝され、雄弁会に入ったことが政治家を目指すきっかけになった……そうだ。

※6
教育改革について幅広い検討を行うために、2000（平成12）年に設置された首相の私的諮問機関。同年12月に発表された「教育を変える17の提案」では、人間性豊かな日本人を育成す

いじゃないですか。

前川　それで思い出したけど、2019年の4月から中学校で使われる日本会議系※7の道徳の教科書には、幾つかの問題のある教材が入っているんですけど、そのうちのひとつは残業に関するものなんです。

友人たちと夕食の約束をしたが、残業があるから連絡をして遅れていったところ、友人たちは各自仕事をしながら待っていてくれた。それを見て忙しいのは自分だけではないと気付き、食事の後は自分も友人も会社に戻って仕事をしたという話なんですけどね、どう思います？　これは残業のススメなんですよ。

谷口　最低ですね。

前川　無制限に滅私奉公、自分の楽しみではなく組織のためにいくらでも仕事をするのがいいことだ、みたいな話が堂々と教科書に載っている。

谷口　ブラック労働とか残業時間が問題になっている時代に、要は長時間働いている人が偉いという教えですよね。もしかしたら、もっと効率良く働けるかもしれへんのに、だらだら働いているだけかもしれへんし、

るために、「教育の原点は家庭であることを自覚する・学校は道徳を教えることをためらわない・奉仕活動を全員が行うようにする」などがあげられている。

※7　1997（平成9）年、右派団体「日本会議」と「日本を守る国民会議」が統合して発足。明治維新から戦前にかけての日本の伝統を重視し、新憲法制定を目指している。2018年10月に発足した安倍新内閣では20人のうち15人が、日本会議系議員だとか。

きちんとした就業時間内に仕事が終わらないのは、そもそも仕事のシステムがおかしいんですよね。そのシステムをどうこうしようという話じゃなくて、ただ個人の責任みたいな、しかも長時間労働している人が偉いって、何の話やねん。

「残業のススメ」は残業が当たり前の先生による子どもたちへの虐待の連鎖

前川　実は今、学校の先生の労働条件がそうなっているんです。だから、ある意味で教師は自分が虐待されているから、そのぶん生徒を虐待するという、虐待の連鎖みたいなものが起こりかねない状況にあると私は思うんですよ。学校の先生、特に公立学校の先生は、すでに高度プロフェッショナル[※8]と同じような状況で仕事をさせられている。残業時間に伴う残業代はなく、本給の４％を渡すのでいくらでも残業してくださいと。渡しきりの４％なんです。

※8
働き方改革関連法の目玉で、年収１０７５万円以上の一部の専門職の労働時間規制を外す制度。政府は労働者が柔軟に働けるメリットがあるというが、野党は今後対象が広がるのではないか、働き過ぎに歯止めをかけられないのではと批判。しかし、２０１８年6月29日、法案は成立。19年４月から施行される。

谷口　４％って、少ないじゃないですか。

前川　そうなんです。最初から本給の４％を渡されていたら、結局、それは本給と同じなんですよ。時間外勤務手当は存在しないから、なんぼ働いても給料は変わらない。

谷口　やる気をなくしますよね。

前川　しかも、勤務時間管理がまったくできていないんです。だから、無定量に残業するのが当たり前になっちゃっているんですね。そうすると、同じようなことを子どもたちに求めちゃうかもしれない。

谷口　そうですよね。自分がされたことしかしない行動様式の人は、結構多いですもんね。体育会のしごきも同じですよ。自分たちの代でやめようという人よりは、４回生になったから下級生をナンボでもしごける、みたいな発想になっていく。

満たされていないのでしょうね。私は夏休みは、むしろ「夏は休め」だと思っているんです。休みじゃなくて、休みなさいと言わないとダメ。

前川　関西弁で言う「休みや」ね。

先生が考えることを放棄したら、子どもたちが考えるわけがない

谷口　そう。「休みや」です。むしろ先生にこそ休みには積極的に海外に行ったり、自主研究の時間をたっぷり取ってインプットしてもらい、2学期からまた子どもたちにいろんな知見を出してほしいと思うのに、毎日毎日クラブ活動を見て、ようやく一息ついて今までたまっていた教材をやろうでは、通常の勤務と何も変わらない。

それでは新しい発想とか、それこそ教育界のイノベーションなんて絶対に起こらへん。膠着《こうちゃく》して停滞した凪《なぎ》の状態になったら考えるのが面倒くさくなる。先生が考えることを放棄したら、子どもたちが考えるわけがないですよね。

前川　本当に危険です。先生が考えない先生だったら、考える生徒が育つわけがない。これは元を正せば文部科学省が悪いという話になりかねないけど、とにかく先生を考えさせないように仕事をたくさん与えてい

ます。実際、最近の学習指導要領は改訂するたびに授業時数がどんどん増えている。授業時数が増えても先生の数は増えないから、当然一人当たりが担当する時間が増えてしまう。

その一方で学校のサイズは小さくなっているんです。学校のサイズが小さくなるとどうなるかというと、生徒の数は減り、先生の数も少なくなる。だけど、部活の数はそう簡単には減らないのです。

谷口　確かに減らないですね。

前川　つまり、バスケ部の部員が20人だったのが15人になるとか10人に減ることはあっても、バスケ部自体はなくならないんです。部活の顧問の仕事は先生たちが分担するわけですが、もともとの先生の数は少なくなっている。だけど、部活の数は減らない。そうすると、一人の先生が二つ掛け持ちするとかがどうしても必要になってきちゃう。そうしたさまざまな原因で先生がますます忙しくなっているんです。それで余裕がなくなっていて、夏休みもゆっくり休むことができない。

さらに、教育委員会が行う研修に出てこいとか、私が文部科学省にいる間は使わなかった言葉ですけど、官製研修というものがあるんですね。

谷口　官製研修ね、そうですね。

前川　研修では何か上意下達的なことをとにかく覚え込ませる。

谷口　行けへんかったら問題になるんですよね。

前川　職務命令ですからね。本来は研修とは、研究と修養のことなんですね。主体は先生で、先生が研究する、先生が修養するものなんです。ところが、研修するとなった途端に、教育委員会が教員を研修すると言って、教員が客体になっちゃうわけ。

谷口　研修はアクティブ・ラーニングですよね。

前川　アクティブ・ラーニングのはずだったのに、上からの研修がどんどん一般化しちゃって。これは良くないですよ。研修すれば良くなる、なんていうことはないです。

谷口　そうか。結局、先生たちもアクティブ・ラーニングさせてもらえていないし、誰からも教えてもらったことがない状況になっているわけですよね。

前川　そうでしょうね。

谷口　誰も理解していないのに、言葉だけがアクティブ・ラーニング。

初代文部大臣・森有礼が取り入れた軍隊式体育

谷口　私、娘の体育での整列問題もあって中学校では面倒くさい親の代表みたいになっています。でも、前川さんがおっしゃったように、そういう人が増えていかないと変わらないわけですもんね。

だから、ステークホルダー[※9]という言葉がありますけど、PTA[※10]でも、意見を言えない「P」、保護者なんて意味がないやんと思うんです。暴れる子がいたら、その子が何に対して反抗しているのかを教師と向き合って話をしたり、地域も巻き込んでみんなで考えましょうという活動になっていけばいいのに、「何してるんや、おまえ」と子どもを押さえ付けて、はい、終わり。

前川　それは教育じゃないですね。確かに、校内暴力が激しかったころ

※9
stakeholder。企業の利害関係者のこと。地域住民・地域社会を含めて言うことも。

※10
Parent-Teacher Association の略。保護者と教職員による団体。子どもたちのためのボランティア活動であり、任意加入の団体なので加入や脱退については特に義務付けはない。

は体育の教師がもてはやされたんですよ。

谷口　盗んだバイクで走り出していたころですね。

前川　各地の尾崎豊的な生徒を押さえ付けていたのは、大体体育教師なんですよ。だから、今でもそうだけど、校長には体育の先生がなることが多い。体育の先生は、上下関係や権力関係が好きで、権力志向がある。もちろん、体育の先生だからみんな権力志向だとか管理職になりたがっているとか、力で生徒を押さえ付けるとか、全員が全員そうだとは言えないですよ。だけど、傾向としてはあって、それはさかのぼること１８８６年、明治19年。

谷口　さかのぼること、明治19年！

前川　初代文部大臣の森有礼[※11]に始まります。

谷口　森有礼、はい。

前川　文部省は１８７１年、明治４年にできているんです。当時の文部省のトップは文部卿と言っていました。１８８５年、明治18年に内閣制度ができて伊藤博文が初代内閣総理大臣になって、憲法発布の前段階と

※11
鹿児島藩士で１８６５（慶応元）年、藩命により五代友厚らとイギリスに留学。当時から教育に関心があった。その後、明治政府に入り英国公使などを歴任。１８８５（明治18）年、第一次伊藤博文内閣で初代文相となり、明治憲法下の教育制度を確立していく。

してまず内閣をつくりました。その最初の内閣の最初の文部大臣が森有礼で、彼が戦前の教育制度の礎を築いたといわれています。

それまでは1872年、明治5年の学制[※12]発布から十数年の間にいろんな試行錯誤をしながらやってきたものの、はっきり言うと定まっていなかった。それを国家主義的な教育政策、教育制度にピシッと整えたのが森有礼なんです。

森有礼は、まず教員養成が必要だということで師範学校令[※13]を出して、師範学校のカリキュラムを整えたんですが、その中で体育は兵隊が行っていた体育、「兵式体操」をまず師範学校で導入し、その師範学校で鍛えられた先生たちが小学校でそれを教えたわけです。

入場行進、「全隊止まれ」、運動会に残る兵式体操

前川 例えば運動会の入場行進。行進曲に合わせて一糸乱れず歩いていくのは軍隊の分列行進から。今も自衛隊の観閲式などで使われている

※12
1872(明治5)年8月に「学制」発布。「学制」は明治政府が定めた学校制度や教員養成に関する基本的な規定。

※13
1886(明治19)年に公布された。森有礼文部相は国民教育の根本は師範教育にある考え、この法令と、関連して設けた諸規程によって小学校・中学校・帝国大学とはまったく別個に独立した教員養成のための師範学校制度を確立しようとした。

『分列行進曲』という曲があります。１９４３年、昭和18年に神宮で行われた学徒出陣壮行会で雨の中、学生たちが行進していたときに演奏されていたのがこの曲です。現在の運動会で使われていることはないと思いますが、行進はまさに軍隊から取り入れられたものなんです。

谷口　そうですよね。

前川　「全隊進め」や「全隊止まれ」の「たい」という漢字は「体」ではなく兵隊の「隊」ですからね。つまり、もともと体育というのは軍隊式にできているんです。

谷口　おっしゃるとおり体育が軍隊にしか見えなくて気持ち悪いと思っている保護者は、私も含めて結構多いんですよ。

　例えば運動会の練習やのに、何であんなに入場行進と、開会式・閉会式の練習に時間を割かなあかんのか。それを見ている校長先生、ＰＴＡ会長、地域の議員とか、「今日も皆さん、一糸乱れず素晴らしい、教育成果だ」とか言って、一糸乱れへんことが教育成果ですか。それでは障害のあるお子さん、ハンディのあるお子さんが取り残されていくわけで

※14
戦前の旧兵役法では、身体等に障害のある者や、徴兵検査の結果、丁種とされた者などが兵役に服することを免除された。が、兵隊となって国のお役に立つことが国民の務めと考えられていたので、兵隊になれないことは本人はもとより、家族にとっても恥ずかしいことだった。

すよねと思うんですよ。みんながりできるわけじゃないし。軍隊だってふるいに掛けられて入れない、ということになるかもしれないですけど。

前川　徴兵免除[※14]というやつですね。それが学校の場合は就学免除[※15]ということで、徴兵免除と就学免除はパラレルな制度、同じような思想だと思いますよ。つまり、国のお役に立たない青年は軍隊に入るに及ばずというのと同じように、勉強してもお国のために役立つとは思えない人間は学校に来るに及ばず。国の役に立つか立たないかで振り分けている、まさに「生産性[※16]」ですよ。

谷口　生産性だ。私も今思いました、生産性や。

前川　国のお役に立つか立たないか。軍隊に入るか入らないか、学校に入るか入らないか、同じ基準で考えている。それがもともとの就学免除の考え方で、結局、行進できない子どもは学校に入るなという話ですね。その思想がずっと今でも残っているると思うんです。

※15
学校教育法の規定により、治療または生命・健康の維持のため療養に専念することを必要とし、教育を受けることが困難又は不可能で、就学困難と認められた者の保護者に対する就学義務を免除すること。就学免除は保護者の申請によって教育委員会が決定。つまり、教育を受けさせる義務を負っているのは保護者だから、申請するのも保護者で、免除されるのも保護者。

※16
自民党の杉田水脈衆院議員は「新潮45」8月号に『「LGBT」支援の度が過ぎる』を掲載。同性カップルは「生産性がない」などと主張。社会から批判を受ける中、安倍首相は「(杉田議員は)まだ若いですからしっかり注意しながら仕事してほしい」と擁護する発言。結局、「新潮45」は休刊に。

今の日本に体育はあるが、スポーツはない

谷口　スポーツと体育は根本的に違うと思います。スポーツはどうやったら強くなるか。一番はアクティブ・ラーニングです。自主性、主体性、選手自身が考える。コーチに言われるがままにやっていても、自分で考えていないから体感に落ちないんです。自分たちがこれは必要だ、このトレーニングは必要だと思ってやらないと糧にはならない。この点から見れば、今の日本には体育はあるけどスポーツはない。

前川　そうそう。文科省もそこは反省して、昔は体育局と言っていた局をスポーツ青少年局と変えて、最近はスポーツ庁[※17]ができて鈴木大地さん[※18]が長官になっています。日本体育協会も名前を変えて日本スポーツ協会にするとか、体育の日も2020年には「スポーツの日」になるとか。

谷口　名前を変えたって、思想がねぇ。

前川　分かる、分かる。ちょっと教養の片りんを示すと、「スポーツ」とは遊びという意味なんですよね。シェイクスピアの劇に「a merry

※17
2020年東京オリンピック・パラリンピックを前に、日本のスポーツ行政を一元的に担う文部科学省の外局として2015（平成27）年10月に発足。最近はスポーツ界のセクハラ、パワハラ問題でコメントするほうが多い？

※18
初代スポーツ庁長官。1988（昭和63）年、ソウル五輪の男子100メートル背泳ぎで金メダルを獲得した。

sport」というせりふが出てくるんですけど、「merry」は楽しい、ちょっとしたいたずらとか冗談という意味で、そこに「sport」という言葉が使われています。つまり16世紀、17世紀の英語では、スポーツは楽しい遊びなんですよ。遊びからきているのがスポーツで、スポーツという言葉自体が遊びという意味なのに、日本のスポーツはすべて軍隊と学校から派生しているから、教練や教育のためにできている。そこがまったく違うんです。

谷口　そうやって教えられてきた先生しかいない状況では、ものを言う保護者が言わなかったら、組織の中にいる人たちは組織がおかしいと思う感覚が麻痺するじゃないですか。最初は変やなと思っていても、そんなもんかなとだんだん慣れていくというか、なじんでくるというか。

前川　同化するというか、適応するというか、思考停止に陥るというか。

グローバルな時代に頭髪校則はそぐわない

前川　この1年半でいろいろな人と知り合いになったけど、その中のひとりがNPO法人キッズドア理事長の渡辺由美子さん[※19]。彼女と荻上チキさん[※20]が中心となって「ブラック校則をなくそう！」[※21]という運動をやっていますが、あれはいいことですよ。校則に関しては理不尽なことがたくさんありますが、中でも頭髪は特に多いですね。これからは、例えば海外からいろんな人が来ますよね。もともと髪の毛の色も違うし目の色も違う人とどんどん交流していく時代になっているのに、みんな髪は黒じゃなきゃいけないってそれ自体がおかしい。

谷口　大阪の高校で問題になったとき、もしブロンドの髪の留学生が来たらどうするんですかって言ったら染めさせるって言ってましたよね。はぁ？　日本の学校に入ろうと思ったらそこまでせなあかんのか。

前川　明らかに理不尽な校則はあちこちに残っていますが、そういう校則に対して、おかしいじゃないかと声を上げて、訴訟を起こしたケース

※19
特定非営利活動法人キッズドア理事長。「親の収入格差のせいで教育格差が生じてはならない！」との思いから、経済的に困難な子どもたちが無理なく進学できるよう活動を広げている。

※20
評論家。編集者。「荻上チキ・Session-22」（TBSラジオ）パーソナリティ。メディア論から政治経済、社会問題、文化現象まで幅広く論じる。

※21
渡辺由美子さん、荻上チキさんはじめ、複数のNPO関係者などがチームをつくり、児童の人権を損なうような、ブラック校則を改善していくために活動するプロジェクト。

は結構あるわけですね。

谷口　丸刈り訴訟とか、ありました。

前川　でも、生徒側が負けるケースが多いんだな。学校の教育方針として是認できるみたいな。

谷口　特に私立学校の場合は、それが分かって入学したでしょうとか、そういう理屈ですよね。公立の場合は、訴える利益がないとはねられますよね。卒業してんねんから今さら判断できへんやんとか、裁判が長いことかかるからやないか。通っている間はずっと嫌がらせされたままで、卒業して何年か経って、あんたの言うこともいちおう分かんねんけど、今さら中学校も卒業したやろ、みたいな言い分です。

前川　それはおかしいですよね。過去のことでも権利侵害があったんだとすればね。

谷口　そうなんですよ。ちゃんとさかのぼって、謝るんやったら謝るとかさせないとダメなのに。

前川　こういうところでは、裁判所は変に抑制的なんですね。

谷口　そうですよね。忖度ですね。

前川　忖度。判断しないほうが無難だみたいに、判断を避ける。

谷口　統治行為論に近いような。

前川　統治行為論[※21]に近い。学校で言えば、昔の特別権力関係論[※22]とかね。今は特別権力関係論は学説上も判例上もないと思いますけど、だけど実態としては特別権力関係論に近いものが残っていて、学校のことは学校の中で決めているんだから裁判権が及ばないみたいな。

谷口　学問の自治みたいなやつを、逆手にとっているような感じでもある。学内自治というかそういうものがあるんだから、よそから口出しをするな。分かって入ってきているでしょうと理屈を立てていく。でも、公立の場合、学校選択制度は別かもしれないけど、住民である限り、決められた地区の学校に通っているのに、隣の学校はそんなに校則が厳しくなくて、ここはすごい厳しいというのを特別権力関係で言われると、いやいや、それも違うでしょうと思いますよ。

前川　私立高校で、天然パーマの子に天パーをストレートにしろと言う

※21
裁判所の法令審査権の限界に関する理論。法的な判断が可能であったとしても、直接国家の政治の基本にかかわる高度な政治性がある国家の行為については司法審査の対象から除外すべきとしている。

※22
公権力の行為の適法性については原則として司法審査の対象とはしない。公権力は私人の人権を法律の根拠なく制限することができる、などとする理論。大日本帝国憲法下の日本で用いられた。

のも、学校の方針としていいんだみたいなことを言われちゃう。

最後の校則「下駄禁止」が撤廃された高津《こうづ》高校

谷口　私は天然パーマなんです。だからそんな学校行ったら、私はストレートにしないとあかんのか。大阪だと上位校のほうが校則が少ないいんですね。結局、偏差値が低くなれば低くなるほど縛りがきついというのが特徴だったので、私たちの学区は高津高校[※23]が1番だったんですけど、たったひとつあった校則が近年、撤廃されたんです。

前川　ほお。

谷口　高津高校は私服だし、何でもOKなんですけど、たったひとつあったのが、下駄で登校するな（笑）。その校則だけが残っていたんですが、ついに、下駄解禁になりました。

前川　下駄解禁になった（笑）。

谷口　それも撤廃したって。だから、本当に何もない。そもそも学生は

※23　大阪市天王寺区にある府立高校。1918（大正7）年、大阪府立第11中学校として発足。1948（昭和23）年、大阪府立高津高等学校となる。

コスプレして行こうが何して行こうがいいんですけど、下駄はたぶん、うるさいからじゃないかと。

前川 公共の福祉で制限する理由には、なるかもしれないですね。

谷口 そうそう。カランコロンとか音しますからね。でも、さすがに下駄履いてくる子もおれへんな、その校則自体が何の目的もないなということになって、撤廃されたんだと思います。そしたら、何人かはすぐに下駄で登校したらしいです。さすが高津の子やわ。

前川 （笑）そういう気持ちは分かる。

谷口 そんな学校の生徒は京大とか東大とか入るんです。ところが、縛りのきつい学校ほどヤンキーが抵抗せなあかんから、そんなことに力をそがれて勉強どころじゃない。すごい逆説的な話です。

本気でダメなのは天然パーマとか地毛の色とか、自然発生的なものを強制すること。何て言うんでしょうね、あの強制行為。ある種の囚人みたいな。囚われ人ですよね。みんな同じものを着て同じ髪型にして、それって自由を奪われた状態の人間で、ある種の罪というか罰というか制裁、サンクションですよね。サンクションを子どもが受ける必要性なんて何もないのに、そういうことをさせられている。現場の先生も麻痺しているのか、事なかれ主義なのか。

生徒が「私服の日」をつくった麹町《こうじまち》中学校

前川　たまたまテレビを見ていたら、千代田区立麹町中学校の取り組みが紹介されていました。

谷口　以前に保坂展人さんが、内申書訴訟[※24]を起こされましたね。

前川　ええ、結構有名な学校で、昔は越境入学してすぐそばの日比谷高[※25]校を受験する子が多かった。公立で名門なんてあるのは本来おかしいいんだけど、今でも東京の公立中学校では名門と言われている学校ですが。そこで、生徒の主体性を育てるような教育をしていますというニュースだったんです。

工藤勇一[※26]さんという校長で、私は会ったことないんですけど、校則は

※24
保坂展人・世田谷区長が中学時代、内申書に学生運動の経歴などを書かれたために受験した高校を不合格となり、千代田区教育委員会を相手取り提訴。裁判は16年にも及び、一審全面勝訴だったが、高裁判決、最高裁判決では敗訴。

※25
東京都千代田区にある都立高校。旧制一中の流れをくむ名門校で、2018年の東大入試では、48人の合格者を出し、全国9位。

※26
山形県で数学教員、目黒区、東京都、新宿区の教育委員会で指導主事等を経て、2014（平成26）年、千代田区立麹町中学校校長に就任。宿題なし、固定担任制廃止、中間・期末テストも廃止、生徒主体の体育祭など学校の当たり前を次々とやめていく改革に、注目が集まっている。

生徒会に参加してもらって見直しをし、制服も残しておくけども、私服で登校していい日というのをつくったというんですね。

谷口　へえ、公立中学校で。

前川　その様子を映像で見せていましたけど、ざっと見たところ、女の子はほとんどが私服で来ている感じだった。男の子は半分制服、半分私服みたいな感じで。

谷口　面倒くさいんでしょうね。

前川　面倒くさい。私も私服でいいよって言われても、面倒くさいから制服のままでいい。何でもいいんだけど、何でもいいから制服でもいいという感じ。

谷口　そうですね。選択肢の中のひとつですよね。

前川　男の子はそういうケースが多いんじゃないかと思う。女の子は、せっかく自分の好きなものを着られるんだからと、好きな服を着ている子が多い感じがしましたけどね。そうやって、子どもたちの意見を聞くのは大事だと思うんですね。つまり、子どもたちの自主性を育てようということ。これは文科省も、主体性のある生徒を育てるんだと実はずっと言ってきたので、省の公式スタンスと一致してはいるんです。

谷口　校則をどうするかなんていうのは学校ごとに決めていることなので、同じ公立中学でも学校によって違うんですね。

前川　そうです。子どもの権利条約[※27]で、子どもの意見表明権[※28]というのが保障されているはずじゃないですか。自分に関わりのあることについて意見を表明することは権利としてありますよと。それをどこまで受け入れるかは、子どもたちの年齢に応じて考えましょうみたいな、そういう書きぶりになっていると思うんです。中学生といったら立派な大人と同じ判断能力を持っていますから、私は中学生が自分たちで考えたことは基本的に受け入れたらいいと思いますね。

私立学校の場合は学校を好んで入ってくるからある程度認めていいのかなという気がしますけど、特に公立の、さらに義務教育の場合は、どんな子も受け入れるということが前提ですから。

谷口　子どもの権利条約第12条「自己の意見を形成する能力のある児童

※27
子どもの基本的人権を国際的に保障するために定められた条約。1989年の第44回国連総会において採択され、90年に発効。日本は94年に批准。

※28
1　締約国は、自己の意見を形成する能力のある児童がその児童に影響を及ぼすすべての事項について自由に自己の意見を表明する権利を確保する。この場合において、児童の意見は、その児童の年齢及び成熟度に従って相応に考慮されるものとする。

がその児童に影響を及ぼすすべての事柄について自由に自己の意見を表明する権利を確保する。この場合において、児童の意見は、その児童の年齢及び成熟度に従って相当に考慮されるものとする」。まったくそのとおり。

服装は表現の自由とも関わる問題。大人は子どもをなめてはいけない

前川　中学生が生徒会でみんなで議論して決めたんだったら、それをできるだけ尊重したらいいと思うんですね。まさに麴町中学校は私服の日をつくることを、生徒会で決めたんです。

谷口　それを先生方が受け入れたということですね。結局、そうやって決めても先生が、いやダメだと、おまえたちにそんな権利はないみたいなことを言う学校だってあるわけじゃないですか。きっと多数がそうでしょう。服装に関しては表現の自由もすごい関わってきますし。でも、

そんな話をしたときに、「中学生らしく制服を着ておきなさい」と言う人だっていますもんね。

前川　そうですね。「らしく」っていう固定観念、ステレオタイプがあるわけですね。

谷口　大人が子どもたちをなめすぎなんですよ。分かってないと思ってパターナリスティック[※29]に、子どもというのは未成熟な存在で傷つきやすいから、人権に対して一定の制限条項がかかってもいいんだと、親や周りの大人が判断してもよいことにしている。

徐々に大人になる体験をしていない日本の子どもたち

谷口　つまり日本の場合は未成熟だから押さえつけていいという考え方で、成熟に合わせて開花させていく考え方の権利条約とは違う。だから、未成熟じゃなくなったら開いていかなきゃいけないのに、日本の場合は開いていかないですよね。

※29　Paternalistic。父権主義的。

むしろ、小学校のときに私服の学校とかがあって開いていたものが、中学校でぎゅっと萎《すぼ》めてしまって、高校でも三つ編みとかに決められていたのが、大学になっていきなり何でもどうぞって言われても、子どもたちにしたらギャップが大きいんです。高校生から社会人になるにしても、高校生から大学生になるにしても、いきなり大人の扱いをされるということに対する戸惑いがすごくある。

18歳選挙権[※30]もそうなんですけど、徐々に大人になっていくという行為をさせてもらってないですね。日本の場合、成熟度に合わせてじゃなくて、いきなり、あんた18歳やからとか、あんた20歳だからみたいな扱いになるというところが怖いですよね。

前川　そうですね。麹町中学の校長がニュースで言っていた言葉が良かったですよ。ああしなさい、こうしなさいばかり言っていると生徒はどんどん自分で考えなくなる。自分たちの教育の目的は、自分で考えて行動する生徒を育てることが目的なのに、ああしなさい、こうしなさいばかり言っていることが、その可能性をどんどん狭めていく、と。

※30　2015（平成27）年6月、改正公職選挙法が成立し、選挙権年齢が20歳以上から18歳以上に引き下げられた。国政選挙で初投票となった16年の参院選で、18、19歳の投票率は46．78％と、全体の投票率54．70％を下回った。

家庭教育も「教育基本法」に基づいて行われるべき？

谷口　私、人材育成という言葉がすごく嫌いなんですよ。大学でも社会に役に立つ人間をとか、面倒見のいい大学とか言うんですけど、ええ加減にせぇやと腹が立ちます。社会の役に立てへんかったらあかんのか、何をもって役に立ったか立っていないかを測るのか。

前川　２００１年、平成23年の文部科学省設置法の任務規定に「人材の育成」という言葉が入っています。私もすごく違和感がありました。２００６年、平成18年の教育基本法にはそれまでなかった教育の目標という条文が突っ込まれたんですね。教育の目標は、これこれこれこれだと書いてあります。この教育というのは、およそすべての教育なんですよ。学校教育だけじゃないんです。そこには、社会教育も家庭教育も入っているんですよ。

谷口　え？

前川　家庭教育も含めたすべての教育は、この法律に基づいていなければいけないと言うんだから、親がこれに基づいて家庭教育しろということなんですよ。つまり、教育基本法が掲げる目標は家庭教育の目標でもあるんです。

谷口　あら、まあ。私たち保護者も守らないといけないんだ。

前川　その中には、公共の精神に基づいて社会の発展に寄与する態度を養う、と目標に書いてある。国を愛する態度を養う、もちゃんと書いてある。

谷口　おかげで科研費[※31]などの申請にも、社会的貢献についてやたらに書かなあかんようになりました。私の研究なんか社会の役には立てへんと思いますが、研究していいですかみたいなことをお尋ねしなきゃいけない。そして、お役に立つかどうかが評価基準になっているから、お役に立たない研究にはお金を出しませんという方針にされた。あなたの研究が社会にどう貢献するかを書きなさいみたいなことをやたらに求められだして、すみません、興味があったから始めたっすよ、と言うしかない。

前川　学問は、そういうものですよ。スポーツも同じ。スポーツも学問

※31
科学研究費補助金の略。人文学、社会科学から自然科学まですべての分野にわたり、基礎から応用までのあらゆる「学術研究」を格段に発展させることを目的とし、大学等の研究者または研究者グループが計画する基礎的研究に対して選考の後、補助が行われる。

も実は面白いからやっているんですよ。

谷口　そうですよね。

前川　だって、もともとschoolの語源となったラテン語のschola（スコラ）という言葉も「暇」という意味から来ているわけですから、暇つぶしみたいなところから学校は始まっているわけです。

文科省が学問としていらないと発言した社会科学

谷口　これと思って調べ出したら結構面白い、誰も言っていない、おもろいな。そんな感覚でやっていること、暇つぶしで始めたことに社会的意義を尋ねられても……すみませんしかない。

それが結局、日本の学問をすごく息苦しくさせている要因のひとつだと思います。お金がないと研究できない学問もいっぱいありますからね。そうしたら、衆議院議員の杉田水脈※32さんがやたらに科研費の報告書を読んでいて、こんな国に楯突くような研究をしている人はと言い出して、

※32　自民党所属の衆議院員議員。安倍政権に批判的な研究者の科研費を無駄遣いとたたいたり、性的マイノリティの人たちに対して「生産性がない」と言い放つなどトンデモ発言が目出つが、本人は一向に会見などは開かない。

慰安婦の研究とかやっていたりすると、何を言われるか分からへん、みたいな状況になってきています。

前川　法政大学総長の田中優子[※33]さんが声明を出していましたね。

谷口　出しました。それに明治学院大学が追随して、同じように声明を出されましたよね。そんな大学で働きたいと心の底から思いましたもん。

さらに文系研究や社会科学は要らない、とまで言われだして、大学から文系学部をなくすという話まで出てきて、顎《あご》が外れそうでした。

前川　実際に文部科学省が出しましたからね。あれは良くなかった。

谷口　いよいよ私らも、ほんまに生産性がないからお暇《いとま》せい言われてるんやなぁ。理系はお金になる。お金になるものが役に立つ教育、役に立つ研究、世界的に認められるもの、理系はインパクトファクター[※34]というのが論文の引用でポイントになっていくから分かりやすいんです。

でも、文系の研究なんて国内の社会科学なんか、海外の人が引用するわけがないじゃないですか。そんなに普遍性があるわけじゃないから。そういうことに対しても、文科省はやたらに攻撃的なんですよ。

※33
法政大学総長。２０１８年、杉田水脈衆議院議員らによる安倍政権に批判的な立場を取る法大の山口二郎教授への「6億円弱の科研費を受け取っている」とのバッシングに対し、5月16日大学HP上で「本学の研究者たちに、恫喝や圧力と取れる言動が度重ねて起きている」と指摘、「適切な反証なく圧力によって言論をねじふせるようなことは許されない」と非難した。

※34
impact factor、IF。自然科学・社会科学分野の学術雑誌を対象として、雑誌の影響度、引用された頻度を測る指標。

学問の自由を前提とする旧文部省出身者と、国家目標のために役立つ研究にお金を付ける旧科学技術庁出身者

前川　文部科学省も変質してきていると思います。古巣の文部省を擁護するつもりはないですけど、学問の自由を前提にして学術行政をするというのがもともとの文部省のスタンスなんですね。

ところが、科学技術庁※35は全然違うんです。そもそも科学技術庁は科学といったときに自然科学しか考えていないところがあり、初めから国家目標があって、国家目標のために役に立つ研究にお金を付けるという発想で、その最たるものが原子力だったわけです。

科学行政を草の根というかボトムアップの学問の自由から積み上げていく考え方の文部省と、トップダウンで国家目標から始めるタイプの科学技術行政を同じ役所にしてしまったこと。これが本当に良かったのかどうかという問題は検証する必要があると思います。

谷口　なんで、「文部科学省」になったんですか。

※35
科学技術に関する行政を総合的に推進する事務を司る国の行政機関で、１９５６（昭和31）年、総理府の外局設置。２００１（平成13）年、省庁再編により文部省と統合され文部科学省となった。

前川　これは橋本龍太郎内閣で、とにかく[※36]似たようなことをやっている省庁は統合しろと言われたわけです。

谷口　似たような？

前川　科学研究という点では、似たようなことをやっていたわけです。

例えばロケットですね。ロケットは、旧文部省の下に宇宙科学研究所があったんです。鹿児島県の内之浦に基地がある。[※37]糸川英夫さんが[※38]ペンシルロケットからずっと開発していった日本固有の技術で飛ばしていたロケットで、科学衛星なんかを飛ばしていたんです。

一方で、宇宙開発事業団をつくっていたのが旧科学技術庁。こちらはアメリカからもらった技術をベースにしながらロケット開発をして実用衛星をつくって飛ばしていた。

両方ともロケットをやっているんだから一緒にしようというので統合し、今はＪＡＸＡになっていますね。

谷口　宇宙航空研究開発機構ですね。

※36
第二次橋本龍太郎内閣の行政改革の柱として、縦割り行政の弊害の排除、行政の簡素化・効率化を図ることなどの目的で中央省庁再編が行われた。森喜朗内閣時代の２００１（平成13）年、それまでの一府二二省庁から一府一二省庁（内閣府、防衛庁、国家公安委員会、総務省、法務省、外務省、財務省、文部科学省、厚生労働省、農林水産省、経済産業省、国土交通省、環境省）体制に。

※37
戦争中は戦闘機「隼（はやぶさ）」の設計作業に参加するが、戦後１９４８（昭和23）年に東大教授となる。宇宙開発の重要性にいち早く着目し、１９５５（昭和30）年ペンシルロケットの発射に成功、日本の宇宙開発の父と呼ばれた。２００３（平成15）年、日本の小惑星探査機「はやぶさ」打ち上げから３カ月後、探査

「はやぶさ」は旧文部省系、偵察衛星は旧科学技術庁系

前川　でも、ＪＡＸＡにも旧宇宙科学研究所系、つまり旧文部省系と旧科学技術庁系とあって、例えば「はやぶさ」[※39]は旧文部省系で、偵察衛星を打ち上げているのは旧科学技術庁です。

谷口　なるほど、分かりやすい。

前川　「はやぶさ」なんて、実用としては大して役に立たないんです。一方の偵察衛星は軍事衛星ですからね、役に立つといえば役に立つ。

谷口　そうか、ロケットひとつでも全然出自が違うんですね。

前川　違います。どちらも鹿児島県ですが、種子島から打ち上げているのは旧科学技術庁系で、内之浦は旧文部省系と、今でも基地は別々です。

谷口　ほんなら、一緒にしていても違うやん。

前川　違うんです。ＪＡＸＡの中に、いまだに教授と呼ばれている人たちがいますが、その人たちは旧文部省系です。旧文部省の役人は心の片隅に、学問の自由が大事なんだぞ、研究者の自主的な発想が大事なんだ、

機の目的地である小惑星２５１４３は彼にちなんで「イトカワ」と命名された。

※38
糸川英夫により、１９５５（昭和30）年打ち上げ実験が行われた超小型の固体燃料ロケット。1号機は長さ23センチ、直径１・８センチ、重量約２００グラム。

※39
宇宙科学研究所ＩＳＡＳが開発した宇宙探査機。２００３（平成15）年5月9日に打ち上げられ、05年には小惑星イトカワに到達・着陸を果たした。様々な困難を乗り越え、10年6月13日、地球帰還に成功した。

今は役に立たないかもしれないけど、100年後、200年後に役に立つかもしれないということでいいんだ、1000年経ってもまだ役に立たなくてもいいと思っているはずです。

とにかく自由な発想で研究することをまず大事にするという、その考え方を旧文部省系は多少なりとも持っているんです。べつに、旧文部省を擁護するつもりはないですけどね。

谷口 統合後に入省されている若手の方は、そういう意識を持っているのでしょうか？

前川 そこは難しいですね。学問の自由から発想する考え方が、だんだん消えかけているかもしれないです。

さらに今危ないのは、官邸が大学行政にグイグイ入ってきているんです。官邸の支配力がどんどん強まっていて、役に立つ大学しか残すな、みたいなことになってきている。

奨学金が打ち切られ借金だけ残る悲しいケース

前川　それから、非常にこれが問題だと思うのは、給付型奨学金[※40]が制度化されつつある点です。これ自体はいいことですが、給付の条件がどうもおかしな方向に行きかねなくて。役に立つ大学に行くのなら出すけれど、役に立たない大学に行くなら出さないみたいになってきています。

谷口　国にとって役に立つ、つまり生産性ですよね。やっぱり根底を貫いている思想は全部一貫していますね。

前川　それに、コスパみたいな話です。これだけ金をかけたら、後にリターンがあるのかと。経済成長なり国力の充実とか、そういうものが役に立つのか立たないのか。役に立つ勉強をするなら出してやるが、役に立たない考古学とかインド哲学には出さないとか、そんな話になりかけている。官邸あるいは経産省からそういう圧力がかかって、どうも今の文部科学省の中は相当ひどいことになっているようです。

谷口　私が気になるのは、いわゆるFランク大学[※41]と呼ばれる、名前を書

※40　返済しなくていい奨学金。

※41　明確な定義はないが、偏差値35以下、定員割れしている大学を指すことが多い。

いたら入れるみたいな偏差値の低い大学へ通う学生たちのことです。

学生に、あんたら、いつから授業が分からへんかったん？　と聞いたら小学4年生と言うんです。4年生から分からへんかった子が小学校を卒業して中学校に行くのは分かるけど、高校に入れてうちの大学も入れた。こうなると、大学が社会に出す前の最後の砦ですよ。大学を出たのにその程度かと言われれんために、漢字や分数を大学で教えるんですよ。

たぶん、高校を出たときよりはちょっとは賢くなって卒業していると思います。でも、そういう大学へ通う学生は社会の役に立たないので給付型奨学金をもらえないんですよ。それでも大学に来ているのは、親御さんの思いが強いからです。とにかく大学という名前の付くところに行ったら、バラ色とは言わないまでも、明るい人生がこの子には待っているはずやと思って、ものすごく無理して学校に通わせはるんです。

学生も学費や生活費のため夜中もアルバイトしているから、学校に来たらぽわっとしている。そんな子たちはいわゆる日本学生支援機構[※42]の奨学金を借りている。それも、高い金利で借りている子がすごく多いんで

※42　2004（平成16）年、日本育英会、財団法人日本国際教育協会、財団法人内外学生センター、財団法人国際学友会、財団法人関西国際学友会が合併し設立。学生に対する貸与奨学金事業や留学支援、外国人留学生の就学支援を行っている。

す。でも学業成績が悪くなったり、学校の出席率が悪いと奨学金を打ち切られちゃうんです。大学に来られなくなる子もいっぱいいる。私、実際に見ているので。

前川　確かに、最後は卒業できなくて中退して、借金だけ残ると問題になっています。

勉強できなかったのは環境資源がなかっただけ

谷口　はい。すごく悲しくなるような現実がいっぱいあって苦しくなります。一方、大阪大学で教えていると、ここにはお金のある家の子が多く来るんですよね。「蛍の光窓の雪」って、ほんまかいなと思いますよ。

２０１６年の学生生活実態調査では、東大生の世帯年収は９５０万円以上が約63％です。実際それぐらいないと入学できない。でも、入学したら学費は安いし、役に立つと思われているから、奨学金の種類も多いし、卒業生がつくってくれた奨学金もあったりする。やっぱり勉強できるできないの格差はすごいんだなと。

でも、勉強できなかったのは、その子の努力が不足していたからだけではなく、環境によって資源がなかった面があります。

昔は、恐らく教育によって資源を逆転させようという機会がありましたよね。夜間高校に行ったり、夜間の大学に通ったりして、卒業したら逆転のチャンスがあった。でも今や資源のなかった子は、はい上がれない仕組みなんです。私たちも実際に学生に接していて二極化が顕著で、豊かな家の子はずっと豊かに生きていけるし、しんどい家の子はずっとしんどいままで、これがどんどんどんどん広がっている気がする。それが給付型になったら、ますますひどくなりますよね。

前川　給付型がその格差を埋める方向に働くならいいですけど、現実には格差を広げる方向に働きかねないですね。

私は給付型奨学金はずっと必要だと、実現するためにいろいろ仕事をしてきたので、こぎ着けたことは良かったと思っていますが、うまく育てないといけない。今のままだと、どうもまずいなと。

谷口　違う方向に進むのは困りますね。

誰もが経済的負担なく学べるようにすべき

前川　私は、22歳ぐらいまでの教育は、基本的に誰もが経済的な負担なく学べるようにすべきだと考えています。

谷口　本当にそうだと思います。

前川　これは、単に授業料の無償化だけではなくて、その間に仕事をしなくても学ぶことに専念できるという条件を付けなきゃいけない。その第一歩が給付型奨学金ですが、ちょっと今のままだとまずい。

教育に関しては憲法第26条[※43]に「ひとしく教育を受ける権利を有する」と書いてある。平仮名で「ひとしく」と書いてあるんだけど、この「ひとしく」の意味は何か。これを教育の機会均等と言いますが、教育の機会均等を具体的に表しているのは今の教育基本法の第4条[※44]なんですね。改正前は第3条でしたが、基本的な構造はこの条文に関しては変わって

※43
すべて国民は、法律の定めるところにより、その能力に応じて、ひとしく教育を受ける権利を有する。
2　すべて国民は、法律の定めるところにより、その保護する子女に普通教育を受けさせる義務を負ふ。義務教育は、これを無償とする。

※44
（教育の機会均等）
すべて国民は、ひとしく、その能力に応じた教育を受ける機会を与えられなければならず、人種、信条、性別、社会的身分、経済的地位又は門地によって、教育上差別されない。
2　国及び地方公共団体は、障害のある者が、その障害の状態に応じ、十分な教育を受けられるよう、教育上必要な支援を講じなければならない。
3　国及び地方公共団体は、能力があるにもかかわらず、経済的理由によって修学が

いないんです。
今の教育基本法第４条の中には差別禁止規定として、「人種、信条、性別、社会的身分、経済的地位又は門地によって、教育上差別されない」と書いてあるんです。これは、憲法第14条[※45]によく似た規定ですね。

谷口　似ていますね。

前川　憲法第14条には「人種、信条、性別、社会的身分又は門地により、政治的、経済的又は社会関係において、差別されない」と書いてある。どこが違うかというと、教育基本法は最後に「経済的地位」という言葉が入っている。
つまり、憲法第26条で「ひとしく教育を受ける権利を有する」と言っている「ひとしく」は、「経済的地位にかかわらずひとしく」という意味を含んでいる。一方、憲法第14条の法の下の平等は、逆に経済的地位による差別はしょうがないと考えている。金持ちが大きな家に住んで、うまいものを食って海外旅行に行ってとか、これはもうしょうがないと。

谷口　しょうがない。

困難な者に対して、奨学の措置を講じなければならない。

※45
すべて国民は、法の下に平等であつて、人種、信条、性別、社会的身分又は門地により、政治的、経済的又は社会的関係において、差別されない。
２　華族その他の貴族の制度は、これを認めない。
３　栄誉、勲章その他の栄典の授与は、いかなる特権も伴はない。栄典の授与は、現にこれを有し、又は将来これを受ける者の一代に限り、その効力を有する。

子どもたちに「ひとしく」学ぶ機会を保障するために

前川　健康で文化的な最低限度の生活、これは憲法第25条が保障しますと。でも、そこから上の、金を持っている人が贅沢をするのは、これはもうしょうがない、これが自由主義社会でしょうという考え方はある。でも、憲法第26条の「ひとしく」という精神は、子どもの学ぶ権利に関しては、子どもには本来経済的な格差があってはいけないはず、ということですよ。親が金持ちか貧乏かというのが、子どもの教育の機会に影響するのはおかしい、という考え方があるはずなんです。

谷口　いや、そうですよね。

前川　だから、わざわざ「経済的地位によって、教育上差別されない」という言葉が教育基本法に入っていて、「ひとしく」にはどんなに貧乏でも同じように学ぶ権利はあるよと、そういう意味を含んでいると。

谷口　この条文をそのまま素直に読めば、そうですよね。

前川　憲法で平等権[※46]と言ったら普通は憲法第14条のことを考えますけど、

※46　すべての国民が法の下に平等に取り扱われ、人種・信条・性別・社会的身分などによって差別されない権利。

私は教育に関する平等権は、憲法第14条の平等よりも広いと思っているんです。

谷口　広いですね。

前川　経済的地位による差別を許さないという意味でね。子どもに責任はないですもんね。だから、子どもの学ぶ権利あるいは学ぶ機会や環境をどうつくってあげるかは、どんな親の下に生まれたかを問わず保障しなきゃいけない。私はこれが憲法第26条の求めていることだとずっと思ってそういうことをしてきたのでね。

谷口　本当ですね。経済的地位はすごく大事ですね。

前川　ただ、子どもたちの貧困を考えたときには、単にお金さえあればいいかというとそうではない。お金と同時に子どもたちを取り囲む環境が大切です。これは文化資本[※47]とか、あるいはソーシャルキャピタル[※48]と言ってみたりしますが、子どもたちを取り巻く、端的に言うと子どもをちゃんとケアしてくれる大人、気にかけてくれる大人がどのくらいいるかということ。そこが大きいと思うんです。

※47　金銭以外の個人的資本。言葉づかいや行動様式など身体化されたもの、絵画や書物など物として客体化されたもの、学歴や資格として制度化されたものの三つの形態がある。

※48　社会関係資本、社会・地域における人々の信頼関係や結びつきを表す概念。ソーシャルキャピタルが蓄積された社会では、治安・経済・教育・健康・幸福感などに良い影響がある。

谷口　私が代表代行をしている全日本おばちゃん党[※49]でも、おせっかいな大人が本当に減ったなとよく話題になります。例えば地域でも、子ども[※50]たちが名札を裏返して登校しなきゃいけないことになりましたよね。個人情報はもちろん大事ですし、不審者対策も必要です。でも、子どもたちは挨拶してくれた近所のおっちゃんも、不審者だと思うわけですよ。

私はたまたま子どもが学校に行っているのもあるから、登校途中で泣いてる子どもがいたらどないしたん？　と声かけることができますけど、そういうことが厄介だとか、声をかけたらかえって不審者扱いされて気が悪いわ、みたいなことになってきて、どんどん大人がおせっかいをしなくなっちゃった。

世の中には、やっていいおせっかいと、やったらあかんおせっかいがあると思うんです。結婚してるのに子どもはまだなの？　とかはほんまにいらん。でも、子どもにはお金はもちろんだけど、手や目をかけてあげないと育たないと思うんですよね。そういう意味で、地域の力がどんどんそがれていっている気がします。

※49
谷口さんが代表代行を務めるフェイスブック上で活動するグループで、現在6300人以上のおばちゃんが「うちの子もよその子も戦争には出さん」の旗印のもと集っている。目的はオッサン政治にシャレとユーモアでツッコミを入れること。

※50
防犯のため、登下校では名札を外す、あるいは名札は学校に置いておくなどの措置を取る小学校が増えている。一方で、地域で見守る意味から名札着用を決めた学校も。名札を付けるかどうかの判断は各学校に任されている。

学校はオープンスペースがいい

谷口　学校は、もっとオープンスペースでええのにな。地域の人が普通に入ってきて、先生ができひんことを近所の暇なおっちゃんとかおばちゃんがやってもええやん、と思うんです。

前川　まったくそのとおりですね。教師の多忙化は確かに政策的な原因はあると思いますけど、学校をもっと開くことによって解消する方法はいくらでもありますよ。

谷口　大教大池田小事件[※51]があったじゃないかと言う意見もあるけど、大人がぎょうさん入っていたら、むしろ取り押さえられるかもしれませんよね。

前川　うん。常日ごろ、地域の人たちが出入りしていると子どもたちも、あの人はいつも来ている人だと分かるし、見かけない人間がいたら気付く。例えば、ホテルとかデパートは誰でも入れるじゃないですか。私も時々トイレを借りに行ったりするけど。でも、従業員がちゃんといつも

※51
2001（平成13）年6月8日、大阪教育大学附属池田小学校に刃物を持った男が乱入。児童8人が死亡、教師を含む15人が重軽傷を負った。

見ていて声をかけますよね。ちょっとおかしいかなと思った人に対しては、何かお探しですか？　どうなさいました？　と言ってみる。あれだと思うんです。

谷口　May I help you?　というやつですね。

前川　そうそう。やんわりとね、おまえ、何者やと。地域の人が常に出入りしている学校だったら、それを地域の人ができるから、むしろ不審者を防ぐ力になりますよ。

谷口　防波堤になる気がするんですよね。役所とかでも一緒じゃないですか。誰でも出入りできるけど、危険かと言われたらそんなことはない。それに人生の先輩が来てくれたら、先生がしんどいことだって相談できるかもしれない。

前川　先生だって、子どもを殺すことがありますからね。文科省も統計取っていますが、わいせつ行為もあります。日本中で毎年起こっているんです。体罰をふるう教師もいるし、それこそ理不尽な叱責をして、それが元で子どもが死んでしまうということもある。

谷口　だからこそ、本当にいろんな大人の目、ベテランさんであろうがそうじゃなかろうが、いろんな人の目が入っているほうがいいと思うんですよ。そのほうがよっぽど多様です。

労働基準法上の休憩時間がほとんど取れない先生たち

前川　学校の給食は教育活動なんですよ。特別活動[※52]に分類されていて。

谷口　あれは特別活動なんですか。知りませんでした。

前川　特別活動なので、教師は指導するために子どもと一緒に給食を食べなきゃならない。つまり、食べている時間も仕事をしている時間に分類されているんですね。

谷口　じゃあ、休憩時間がないじゃないですか。

前川　教師だって子どもから離れてほっとしたいときも、一人になりたいときもあるのに、ないんです。

谷口　だったら、地域のおっちゃんとかおばちゃんに一緒に食べてもら

※52　小・中学校の教育課程の一領域で、集団の活動を通して個性を伸ばし実践的態度を育てることを目的とする。学級活動、児童会・生徒会活動、クラブ活動、学校行事があり、給食は学級活動に含まれている。

ったらいいのに。言ってくれたら食べに行くのに。食べたいお年寄りとかいますよ、きっと。

前川　私も、絶対にそうすべきだと思う。何々小学校の食育指導員とか何か肩書を付けて。報酬は300円の給食です。

谷口　行く行く、お昼、食べたい。大阪市の小学校は給食がめっちゃおいしいんですよ。中学は激マズですけどね。1日のうちひとりになれる時間がないなんて、それは先生も息詰まりますよね。職員室に行ったら人がいっぱいおるし。

前川　つまり、現実には労働基準法上の[※53]休憩時間がほとんど取れないんです。無理やり放課後に休憩時間を置くとか、勤務時間の終わりに、ちょこっとだけ休憩時間を入れたりする。そんなの休憩になりませんよ。

※53
労働基準法第34条で、労働時間が6時間を超え、8時間以下の場合は少なくとも45分、また8時間を超える場合は少なくとも1時間の休憩を与えなければならない、と定めている。

授業や部活動を地元の人たちに手伝ってもらうことで地域活性化にも

谷口 体育の時間も、近所で体操が上手なおじさんなどを体育指導員とかに認定してやってもらったらいい。

前川 実際に武道の剣道なんかはそういうふうにやっていますよ。

谷口 私、水泳の指導員で行くのに。絶対に、先生より水泳を教えるのは上手。

前川 特に、部活はそうすべきですよね。

谷口 そうですね。地域活性化にもつながりますよね。人間は役に立っていないとか、社会と何の接点もないとか、誰からも褒めてもらえないとか辛いじゃないですか。おじさん、ありがとう、指導員さん、ありがとうと言われるだけで今日一日、ええ日やったなと思うはず。道徳の授業もそういう人たちが来てくれたらいい。

前川 そうですね。道徳の授業に来てほしいなと思うのは、スーパーボランティアと呼ばれる尾畠春夫さん[※54]かな。

谷口　いろいろ人生経験がある人たちの話を聞くとか、いろんな思想の人、いろんな意見の人が入って、子どもは子どもなりに考える。誰も否定しないというのはすごく大事だと思うんです。先生が教えるとなると、先生の人生経験がもろに出ちゃうから。

前川　そうそう。30歳の教師に、本当に教えられるの？　という問題はありますよ。

谷口　どんどん人の目がたくさん入ったら、いいと思いますね。でもそんなになったら、日本会議系とかが集団で道徳の授業に行きよるんやろうな。お金にもの言わせて。

前川　そっちのほうが危ない。

谷口　負けじと、こっちも行かないと。お金はないけど、人手はある。前川さんや私の講演会に来るおじさんとかおばさんとか。

前川　少々しゃべりすぎる人には、ほかの人が止めたらええやん。もういいです、次に行きましょう、みたいな。

※54
山口県周防大島で行方不明になった2歳児を発見し、一躍時の人に。活動資金は年金だけ、お礼は一切受け取らず、車中泊をしながら東日本大震災、西日本豪雨など全国の被災地を回る「スーパーボランティア」。

谷口　うんうん。やめなはれ、もう、言うて。

「道徳」は本当に危ない！ ２０１９年からは中学校でも検定教科書導入

前川　下のお子さんは小学生？

谷口　はい、５年生です。

前川　「道徳」[※55]の授業が始まっていますよね。

谷口　息子のほうは、ただただ機嫌良く行って機嫌良く帰ってくるんで、学校の様子はあまり分からなくて。今度聞いてみます。

前川　先ほども話したように、もともと日本の社会には上の人には従うんだみたいな文化がずっとあるけれど、私が今一番心配しているのは道徳教育なんです。小学校では２０１８年から、中学でも２０１９年から道徳が教科化され、検定教科書が導入されると、もっともっと従順な人間をつくることになりかねない。

※55　小・中学校の教科のひとつで、１９５８（昭和33）年に教科外活動のとして教育課程に設けられた。２０１５（平成27）年学習指導要領の改正に伴い「特別の教科」となり、小学校では18年度から開始、中学では19年度から検定教科書を用いた授業が始まる。

戦後、教育をどの方向に持っていくかという問題は、ずっとせめぎ合ってきました。一人ひとりの自主性を育てる、個人の尊厳あるいは人格の完成、一人ひとりが自分で考えて判断して行動する、そういう方向で教育を進めていこうという考え方は戦後まもなくからありました。

そこには、戦前の教育に対する大きな反省があったはずです。子どもたちを洗脳してしまい、みんなを軍国少年、軍国少女にしてしまった。将来は兵隊さんになって死ぬんですと子どもたちを巻き込んでしまった反省から、戦後は新しい教育を進めるぞという機運が生まれたのです。これからは国の言いなりになるような人間はつくらないぞというフレッシュな感覚は、１９４７年、昭和22年にできた教育基本法などに満ち満ちていました。

ところが、戦前的なものをそのまま戦後まで持ち越してしまった人たちがいて、それがまた権力者になっちゃった。岸信介さんなんかはその最たるものですけど。

谷口　安倍さんのおじいさんですね。

前川　１９５８年、昭和33年の岸信介内閣のときに、道徳教育が復活するんです。つまり、週1時間の「道徳の時間」を設けたんです。これは戦前の「修身」※56を部分的に復活させたようなものですね。

それを今度は教科化する。昔の「修身」のような教科にしようという動きはずっと続いてきていて、その教科化に弾みをつけたのは森喜朗内閣のとき。教育改革国民会議が道徳の教科化を提言したんですね。それを実際に制度化してしまったのは第２次安倍政権ですね。今使われ始めている教科書はまさに、上の言うことを聞け、無制限に働くのはいいことだ、そんな話ばかりです。

谷口　美徳なんですね。

前川　とにかくルールには妥当性を問うことなく必ず従え。まさにどんな校則でも校則なんだから従えみたいな話になってくるわけですね。

その教科書にある「星野君の二塁打」はまさにその典型です。、打順が回ってきた星野君に、監督はバントのサインを出した。しかし星野君は打てそうな気がして自分の判断でバットを振り、打球は見事な二塁打

※56
明治時代から１９４５（昭和20）年の終戦直後まで行われていた小・中学校などの教科のひとつ。教育勅語をよりどころとして、国民道徳の実践指導を目的としていた。

に。この一打がチームを勝利に導き、大会出場も決定。

しかし試合後監督は、監督の指示は絶対に守るという選手との約束を持ち出し、いくら結果が良くても決まりを破ったことに変わりはない、と星野君を叱責。星野君は大会出場を禁止される、という本当にひどい話なんです。

谷口　ツッコミどころ満載。サッカーやラクビーならまったく成立しないひどい話ですね。

前川　これでは、自分で判断してはいけないんだというような観念を植え付けちゃう。決まりを守ることが何よりも大事な道徳です、みたいになっちゃっているんですね。決まりを守るよりも自分で判断し、場合によっては決まりは破ったほうがいいこともあるわけだから、どういうときに決まりを破るんですかっていう、決まりの破り方みたいなことを勉強するのはいいと思うんです。

谷口　「てんでんこ」[※57]がそうですね。本当は学校にいなきゃいけない時間でも、災害や危機の際には逃げなさい。先生はもちろん生徒にも、つ

※57
津波が来たら他人のことに構わずすぐに避難して自分の命は自分で守れという、津波の被害に何度も遭ってきた三陸地方の言い伝え。

まり全員に逃げる選択をする権限を与えているんです。決まりが適用除外になる瞬間がある。そうやって判断した人間を責めたらダメですよね。そのとき、危ないと思うから私帰るわと言った人間に、出席点あげへんよ、みたいなことを言う先生もおかしいと思うんです。大人が、そんなときは自分の判断で動いてええよと、社会全体がその考え方であれば、たぶん子どももその範囲の中で考えるようになる。ところが、適用除外をさせてくれない大人がいるんですよ。

やっぱり世界人権宣言[※58]とか、子どもの権利条約とか、いわゆるグローバルスタンダードというものに合わせた教育をしないと、いきなりグローバル社会にポンと放り出されたときに、そんなの知らんし、では通用しませんよ。政府は世界に通用する人材を育てたい、海外からの投資を呼び込みたいわけですよね。でも、人権の観点からすると、インフルエンザでも出社してくるような社員ばかりの企業に、誰が投資しますか。ハイリスクだから、投資対象から外れるんですよね。

※58
人権および自由を尊重し確保するために、「すべての人民とすべての国とが達成すべき共通の基準」を宣言したもので、１９４８（昭和23）年の第３回国連総会において採択された。２０１８年は世界人権宣言70周年だった。

学習指導要領に「自己犠牲はいいこと」「決まりは黙って守れ」

前川　しかし、今回の「道徳」の教科書は本当にひどいですよ。

谷口　でも、それを採用する学校が出てくるということですね。

前川　うん。例えば中学校の「道徳」の教科書の中でも、ＬＧＢＴの問題を取り上げているのが何社かあります。そういうところは、まあいいかなと。でもね、やっぱり決まりを守りましょうもあるし、国を愛しましょうもあるし、自分を犠牲にするのはいいことです、みたいなのもあるんです。

谷口　文部科学省がそういう教科書をつくりましょうと言っているからですね。

前川　そうそう。もともと、学習指導要領がそうなっている。だから文部科学省がやってきた道徳教育の責任はあると思っているんですよ。でもそれをさらにもっと、後戻りできないぐらい悪くしようとしているのが今回の教科化ですね。これまでは「道徳」では学習指導要領にはゴリゴリのことが書いてあるけれど、教材は何を使ってもいいということになっていたんです。

谷口　そこに、先生の裁量がありますよね。

前川　そう、先生の裁量の幅が広かったんです。だから人権教育、平和教育で良かったんですね。ところが、小学校では2018年4月から、中学校では2019年から教科書使用義務[※59]、教科書を主たる教材として必ず使わなければならないという縛りをかけちゃった。しかも今は道徳教育推進教師[※60]を必ず学校ごとに置けとか、道徳教育推進教師は管理職とちゃんと連携を取って学校全体の道徳教育を調整しなさい、勝手なことは許さんぞとなってしまった。

谷口　大政翼賛体制[※61]ですよね。

前川　だから、危ないんですよ。そうやって上からの権力で締め付けていく。本当に、教科書を読むとわがままを言うな、決まりは守れ、全体のために犠牲になれ、社会に貢献しろ、国を愛せ、そんなのばっかり。

※59
教科書には、文部科学省の検定を経た教科書と、文部科学省が著作の名義を有する教科書がある。学校教育法第34条には小学校においては、これらの教科書を使用しなければならないと定められており、中学校や高校にも準用される。

※60
小・中学校学習指導要領解説（道徳編）の中で、「各学校においては、校長の方針の下に、道徳教育の推進を主に担当する教師（以下『道徳教育推進教師』という。）を中心に、全教師が協力して道徳教育を展開する」とある。

※61
太平洋戦争で大政翼賛会を中心に、軍部の方針を政治家もマスコミも無批判に肯定し、国民を戦争に総動員した体制。

政府は当事者意識や主権者意識を持った市民の誕生を恐れている

谷口　そういうふうに教えられてきた子たちに、大学に入っていきなり法学教育をやったら学生は混乱しますよね。

前川　そうですね。政府は当事者意識や主権者意識をできるだけ持たせないようにしてきていますから。

谷口　当事者意識や主権者意識を持った賢い市民が誕生することを極度に恐れているようにも思えます。賢い人間はいらないんですよね。

前川　いらないんです。だから、それは「民は之に由らしむべし。之を知らしむべからず」、さらに付け加えるなら、「学ばせるべからず」みたいなね。

谷口　ほんま「学ばせるべからず」、やわ。

前川　だからこそ、私たちは「知る権利」と「学ぶ権利」を合わせて行使し、賢い主権者にならなくてはいけません。最近、学習権というのは、ある意味で参政権的な要素を持っていると思うんです。学校教育が本来はそういう役割を果たさなきゃいけないはずなのに、今はそこが非常に危なくなっている。こうなるともう、学校の外に求めるしかないかな。

谷口　学校教育は大学に入ると裁量権があるので、それこそ日本国憲法を教えていようが国際人権法を教えていようが、その中に組み込んでいくことは教員の裁量だと思います。ただ、小中高ではいくら気骨のある先生方でも、自分なりに考えてそうした内容を教えていけるかといえば、なかなかそれも難しくなってきている気がしますね。

前川　難しくなっていると思いますよ。教育委員会の小中高の管理職への締め付けが強くなっていますからね。

第4章

政治が直面している厳しい現実

この人は、と思った政治家

谷口　前川さんがこの人はと思った政治家の方、この人は優れた人やなと思った方はどなたですか。

前川　野党の人とはそんなに付き合う機会がないですが、面白い人がたくさんいると思いますけどね。私は、共産党の先生でも好きな人がたくさんいますよ。今の立憲民主党にもいるし、国民民主党にもいるし。

自民党で考えると、そうですね、まず私が秘書官としてお仕えした文部大臣、与謝野馨[※1]さんです。与謝野馨という人は、何というかな、遊び人でね。毎晩のように六本木で飲んでいるか、西麻布の政治家が集まる雀荘で麻雀しているか。

谷口　そうなんですね。面白い。

前川　私は麻雀はお付き合いしませんけど、飲むのは結構付き合わされて、カラオケもうまかったんですよ。最後は喉《のど》のがんで声も出なくなっちゃって本当に気の毒だったんですけど、もともと美声で歌がうまくて

※1
与謝野鉄幹・晶子の孫。1994（平成6）年村山富市内閣の文部大臣として初入閣。2010（平成22）年「たちあがれ日本」を結党して共同代表になり、自民党からは除名処分に。翌年には離党し、民主党政権では内閣府特命担当相、社会保障・税一体改革担当相に就任した。咽頭がんの手術を受け、12年、政界を引退。17年4月、7年ぶりに自民党に復党したが、5月に死去。

※2
アメリカ・ミシシッピ州テューペロ生まれ。「ラブ・ミー・テンダー」「監獄ロック」など多くの名曲を残した、ロックンロールの創始者の一人で映画俳優としても活躍。

ね。例えばエルビス・プレスリー[※2]の「好きにならずにいられない」という歌があるんです。

谷口　「Can't Help Falling in Love」。

前川　それからレイ・チャールズ[※3]の「愛さずにはいられない」、「I Can't Stop Loving You」というやつね。この二曲が持ち歌でよく歌っていましたね。私はプレスリーやレイ・チャールズの歌は聴いたことがないんですよ。だけど、与謝野さんが歌っているのを聴いて覚えちゃった。

谷口　与謝野さんの癖のまま、覚えてはるということですね。

前川　そうそう。今も、時々歌っていますよ。

谷口　へえ。聴いてみたいです。

普段は昼行燈、でもいざと言うときは動く政治家、与謝野馨

前川　与謝野さんが文部大臣のときは、村山富市[※4]内閣でした。当時の与謝野さんは普段は昼行燈[※5]みたいな人で、良きに計らえ、みたいなバカ殿

※3
アメリカの歌手でジャズ・ピアノ奏者、アルトサックス奏者。6歳で失明し、盲学校で音楽を学ぶ。17歳でプロ・デビュー。代表作は「ホワッド・アイ・セイ」「わが心のジョージア」「愛さずにはいられない」など。

※4
1994（平成6）年、自民、社会、新党さきがけの連立により首相候補となり、海部俊樹候補を決選投票で破り、第81代首相に就任。95年には日本の植民地支配と侵略を謝罪した「村山談話」を発表。長い眉毛がトレードマーク。

※5
日中にともっている行燈のように、ぼーっとしている人のこと。

風に見えるんです。予算委員会なんかも、質問がないと分かっていると寝ちゃうわけ。

谷口　本当に寝ているんですか。

前川　ぐうぐう寝ちゃうんですよね。本当にしょうもない感じなんだけど、そうすると私も寝ちゃう（笑）。でも、いざというときにはちゃんと動くし、判断もする。そういう人だったですよ。

こういうことを言っていましたね。自民党と社会党が組むというのはとんでもないことだと思うだろう、しかし、そうでもないんだよ、実は自民党[※6]と社会党[※7]は補完的な関係で、ずっと一緒にやってきた仲なんだと。

谷口　おお。

前川　自民党は社会党の主張、社会民主主義[※8]的な政策を自分たちの政策に取り入れることによって生き延びてきた政党なんだ。だから自民党は社会民主主義政党であり、実は社会党とは近いんだ、と。かなり無理な話ですがそう言っていましたよ。あのころまでは確かにそうだったと思うんです。でも、小泉純一郎[※9]政権あたりからがらっと変わってきて、新[※10]

※6
自由民主党。1955（昭和30）年、自由党と日本民主党とが合同して結成した保守政党。一時期を除き長年にわたり与党第一党。

※7
日本社会党。1945年（昭和20）に結成した社会民主主義の政党。様々な団体が集まっていたため、党内左右の抗争が激しく分裂、再統一を繰り返し、1996年（平成8）党名を社会民主党と改称。

※8
闘争や革命ではなく、議会を通じて社会主義を実現しようとする考え方。

※9
2001（平成13）年、第87代内閣総理大臣就任。02年9月、日本の首相として初めて北朝鮮を訪問し、拉致された5人の帰国を実現。「構造改革」として、05年の総選挙で郵政3事業の民

自由主義で、むき出しの資本主義みたいな政策になっていったんです。

谷口　でも、昔の自民党なら社会党ともそういう関係だった、という見方はできますよね。

与謝野さんの最大の功績は文部省と日教組の関係改善

前川　与謝野さんがやった最大の功績は、当時の文部省と日教組の関係を、対決からパートナーへと劇的に改善したことですね。

谷口　へえ。それはだいぶ大きいですね。

前川　与謝野大臣は村山総理から密命を帯びていたと、後で言っておられました。文部省と日教組は、ずっと対決状態で話し合う余地もない関係でしたからね。それを話し合いができる関係にしてくれ、と頼まれたわけです。

与謝野さんが辞めた後で、日教組の委員長だった横山英一さん[※11]が中央教育審議会の委員になりました。そのあたりから日教組は是々非々で文

営化を争点にし圧勝。国会で郵政民営化関連法案を可決、成立させた。

※10
政府などによる規制や社会保障・福祉などは最小化し、自由競争を重んじる考え方。実際には国営企業の民営化、リストラ、公共料金の値上げや補助金カット、公教育へのしわ寄せなどを進めることで、貧困層の生活を直撃、却って貧富の格差を広げることに。

※11
１９９２（平成４）年９月から96年3月まで日教組委員長。95年、文部省（現文部科学省）との対立を解消、協調路線に転換。97年4月、日教組関係者として初めて中教審委員に就任。教育基本法改正に反対の立場を取っていた。

部科学省の教育政策について何でも反対じゃなく、ちゃんと建設的な意見を言いますよ、お互いに議論しましょうという、まさにお互いに批判は批判として受け止め、しかしキレない、人間攻撃はしないという姿勢に変化しました。お互いのポジションは違っていて、考えも違うけれど、共通のものもあるだろうし妥協できるものもあるだろう。こうして議論し合う関係をつくれたのは与謝野さんのおかげだと思う。

ところが、それからだいぶ時がたって、自民党のほうが先祖返りしちゃったんですよ。また、日教組を敵視し始めた。せっかく日教組といい関係をつくったのに、自民党がぶち壊したんです。

谷口　日教組と文科省だって、目的というか教育を良くしようというところでは、落としどころというかゴールは一緒なわけですもんね。

前川　一緒です、一緒です。

谷口　アプローチが違うだけで、いがみ合う必要もない話なのに、そこに教育を良くしようということがゴールじゃない人間や勢力が入ってきたということですよね。

前川　彼らは彼らで教育を良くすると言っているけど、それは教育勅語だ、みたいな話ですからね。相容れないですよ。

谷口　うん。そもそも議論しようという素地じゃないですよね。

前川　議論できないですね。最初から敵視しているんですから。

最初から敵認定で排除、では議論にならない

谷口　敵認定するのは、意味が分からないですね。悪者をつくり上げて、そいつらさえ排除すれば世の中はバラ色になるんだみたいな。日本の今の政治状況はそうじゃないですか。トランプさんもそうですけど、エネミー（enemy）がいて、そいつさえやっつけたらみんながハッピーになれる、そんなことはあり得ないじゃないですか。

前川　北朝鮮、朝日新聞、日教組、みたいな感じ。敵をつくってね、あいつら悪いんだということにしちゃう。

谷口　分かりやすい。それなりに強くて勢力も大きかったりとかするか

ら、決して単体として弱いものを言っているわけではないんですよね。ただ、自分たちが攻撃される側には回らない。いまだに日本会議が何か知らない人のほうが世の中には多いし。

前川　日本会議はステルス[※12]みたいなところがあるから。潜行しながらね。

谷口　しかも、ちょっと親切だったりするんですよね。民生委員をやっていたり、ＰＴＡやっていたり、町会長だったり、地域ではいいおっちゃんというような人が多かったりするんですよ。自治会の役員とかお祭りの世話人をするような人たちとも親和性がある。

前川　お祭りは神社だしね。

谷口　日教組は知られているし大きな組織だけど、日本会議は知られていない。日教組と日本会議、どっちを知っていますかと言われたら、そりゃ日教組でしょう。

人を攻撃するときの言葉に、おまえは共産党か、在日かと同じように日教組か、と言いますよね。やたらに共産主義というものに対して、世界を破壊する人たちですみたいな、いまだにレッドパージ[※13]的なアレルギ

※12
Stealth。隠密、こっそり行うという意味から、軍用機などの機体を敵のレーダーに見つかりにくくする技術のことを言う。

※13
共産党員やその同調者を一方的に職場や公職から追放すること。赤狩り。

※14
法務省の外局のひとつで、１９５２（昭和27）年、破壊活動防止法に基づき設置された。暴力主義的破壊活動を行った団体の規制に関する調査、処分の請求などを行う。

※15
構成員（国民や住民）が選挙などの一定の方法で代表者（議員）を選び、その代表者が議会などで決定を行うこと。

ーがある。

前川　でも、公安調査庁[※14]はその対象に考えているでしょうからね。警察の公安も、いまだにそう見ている。確かに、戦後の一時期に武力闘争していた時期はあったかもしれないけど、それをいまだに引きずっている感じがあるね。これだけ代議制[※15]民主主義でやっている政党なのに。

谷口　そこもすごくプロパガンダというか、つくられたイメージ像みたいなものがある気がしますね。

　大阪で先生や公務員を徹底的にたたいたのが大阪維新の会[※16]ですけど、大阪は人口の10%ぐらいが公務員なんですよね。だから、1割の人間をたたくことで、9割の人間が溜飲を下げるようなやり方ですよ。

　この期《ご》に及んで、市長が学力テスト[※17]の点数でボーナスを決めるなんて、もう教育に介入するの、本当にやめてほしい。

前川　いや。何で、維新の会みたいな人たちが選ばれるのかね。何かしてくれる感があるんですかね。

谷口　さっきおっしゃった、決めてくれる政治をしてくれそうに見える

※16
2010（平成22）年、当時大阪府知事だった橋下徹氏が結成し、現在は松井一郎・現大阪府知事が代表を務める。大阪府と大阪市の解体・再編による「大阪都構想」を提唱。15（平成27）年5月、大阪市を5つの特別区に再編するとした最終案の賛否を問う住民投票が行われたが、反対が賛成を上回りで否決され廃案となった。

※17
2018（平成30）年8月、吉村洋文大阪市長は、全国学力調査で大阪市が政令指定市20市の中で平均正答率が2年連続で最下位だったことを受け、来年度以降の全国学力調査の結果を、校長や教員の人事評価とボーナスの額に反映させる意向を明らかにした。教育関係者や保護者の間では、大阪市の教育の質がさらに落ちるのではと、批判の声も上がっている。

んですよね。はい、はい、そうですよね、万博[※18]もカジノも来るんですね。分かりました、みたいな。大阪にはカジノいらない、万博いらないと批判することすら許されない空気感みたいなのがあります。都構想の選挙も僅差だったから、くすぶったままなんですよね。大阪はねじれていますから、維新か自民・共産・社民の連合体かなので。

無責任与党・無責任野党。今の自民党は「安倍党」

谷口　最近の国会の議論は、まったく責任が伴っていないですよね。大体、「責任野党[※19]」という言葉はおかしいですよね。与党でも野党でも君らみんな責任あんで。

前川　無責任与党、無責任野党ですよね。

谷口　昨年の自民党総裁選で石破さんが掲げていたキャッチフレーズもおかしいです。「正直、公正、石破茂」。自民党の総裁になるということは総理大臣になるということやんか、なろうかなって思っている人が

※18 2018（平成30）年11月、25年に55年ぶりに大阪で万博が開催されることが決定した。大阪府・市は万博に合わせて会場となる大阪湾の人工島・夢洲《ゆめしま》でカジノを含む統合型リゾートの開業も目指しているが……果たして政府が試算する2兆円の経済効果はあるのか？　その前に、会場建設費の約1250億円は集まるのか？　そもそも1250億円で本当にまかなえるのか？……不安は尽きない。

※19 反対ばかりせず、代案を出したり、建設的な議論で政策の実現のために努力する責任が野党にはあると言う主張。だがそれは与党も同じ。ご飯論法で逃げていては建設的な議論はできない。

※20 自民党所属の衆議院議員。安倍一党の自民党で、ただ一人、「安倍政権は基本的

「正直、公正、石破茂」って、「やる気！　元気！　猪木！」と一緒。

前川　そんな当たり前のことを言わなきゃいけないのが情けない。

谷口　つまり今、公正じゃないし正直じゃない人がやっているから対抗軸がそうなる。一体どんなレベルやねんという、ほんまにここ、先進国かと疑いたくなります。凪な状態は本当に良くない。

前川　自民党は、もう今は極右政党ですね。「安倍党」と言ってもいい、安倍一党というか。みんな、それに従っちゃっている。抵抗しているのは村上誠一郎[※20]さんぐらいかな。

谷口　村上誠一郎さんが一人ぼっちに見えますもんね。重鎮だからまだ発言したときに言葉を拾ってもらえる方ではありますけどね。

前川　2018年7月、大島理森[※21]衆議院議長が、通常国会を振り返っておっしゃいましたね。「民主主義の根幹を揺るがす問題であり、行政府・立法府は、共に深刻に自省し、改善を図らねばなりません」と。

谷口　あれは本当に異例ですよね。

前川　まあ、「自分は立法府の長だ」[※22]と言う行政府の長がいますけど。

な良心が欠けている」「安倍首相の人事は『お友達』か、同じ思想を持っている人か、イエスマンかの三つのパターンだ」など批判的な態度を貫いている。

※21
2018（平成30）年7月、通常国会を終えた大森衆議院議長は会見で、国会でも紛糾した森友学園を巡る財務省の決裁文書改ざんや自衛隊日報隠蔽などは「民主的な行政監視、国民の負託を受けた行政執行といった点から、民主主義の根幹を揺るがす問題」と安倍政権に対し苦言を呈した。

※22
安倍首相は2016（平成28）年5月の衆院予算委員会で「私は立法府の長」と答弁。さらに参院予算委でも「立法府の私」と答えた。そして、なんと2018年11月にも「私はいま立法府の長として立っている」と言い間違えた。もはや言い

谷口　三権分立を分かっていますか？　と言いたくなりますよね。
あのモリカケ[※23]（森友・加計問題）の話も、参考人招致[※24]とかの話でもそうですけど、野党が要求して与党が拒否すること自体おかしいじゃないですか。そもそも、行政府のおかしな話を私たちが選挙で選んだ国民の代表である立法府でちゃんと聞いてくださいよと言うのは、およそ主権者たる我々の権利を行使しているわけです。議院内閣制で与党・野党を持ち出すこと自体がナンセンス極まりないのに、それを当たり前みたいに言う与党というか、権力分立が何たるかをまったく分かっていない人たちの政治としか思えないですよね。

前川　そうですね。

友達だから優遇され、おかしいと言ったらスポイルされる日本

谷口　そこに対して本来メディアも、与党も野党も関係ないやん、立法

間違いではなく、本気でそう思っているのでは？

※23
２０１６（平成28）年、「安倍晋三小学校を作りたい」森友学園に大阪府豊中市の評価額９億５６００万円の国有地が、たった1億３４００万円で払い下げられた。一方、安倍首相と親友の加計孝太郎氏が理事長を務める加計学園は17年、52年間どこの大学にも認められていなかった獣医学部を新設する国家戦略特区の事業者に選定された。お友達になると、いいことがある？

※24
国会での審議の参考にするため、衆議院や参議院の委員会が関係者らに出席を求めて、意見などを聞くもの。前川さんは２０１７（平成29）年、閉会中審査で参考人として加計学園問題について「内閣府が仕事を進めるにあたって背景に官邸の動きがあったと思う」「初

府だろと言わなあかんと思うんですよね。行政府がやったおかしなことに対して問いただsaんでええの？　行政のトップが内閣総理大臣って分かっている？　立法府の長ちゃうで。

特権階級と友達になったら免罪符をもらえるとなったら、それはみんな取り入りますよね。私が大学生のころは、途上国では賄賂を渡せば警察だって政治家だって買収されまくりやと言われたけど、いや、今の日本はどうですか。土地、安う買えたでとか、友達やったから学校できてもうたでとか、おかしいでしょう。そのおかしなことをおかしいと言うた人間がスポイルされるって、もっとおかしいでしょう。

前川　そう。性犯罪者[※25]も免罪され、逮捕状も執行されないとかね。あれはひどいと思いますよ。総理の友達で、総理をヨイショする本を書いている人間だからって、犯罪も見逃されちゃうというのはね。

谷口　しかも、レイプですよ。

前川　それを、官邸官僚だった警察官僚が命じたわけですね。中村格という警視庁の刑事部長をやって、もともと菅義偉《すがよしひで》内閣官房長官の秘書官

めから加計学園に決まるようプロセスを進めてきたようにみえる」などと発言。

※25
2015年、当時TBSワシントン支局長だった山口敬之氏にレイプされたジャーナリスト・伊藤詩織さんは、証言や証拠を集め、告発。高輪署が逮捕令状を裁判所から得、まさに逮捕しようとした時に、警視庁本部の中村格・刑事部長（当時）の指示で逮捕は見送られ、その後不起訴に。伊藤さんは17年5月に検察審議会に審査申し立てしたが、同9月21日、検察審議会は『不起訴相当』を議決した。

だった男ですね。それが、レイプ犯を逮捕するなと命令を出した。それだけじゃなくて、検察も起訴しませんでしたからね。

私はね、今の日本は権力分立も危ないし、行政の中でも公正・中立が非常に強く求められる分野が特に危ないと感じています。行政の中にあっても、政治権力から直接ああしろ、こうしろと言っちゃいけない部分があります。検察は準司法的な機能と言われますし、警察もそう。そして、教育行政もそういう部分があって、教育の自主性は守らないといけない。そこに政治権力が介入するのは非常に危険なこと。

ところがその機能がどんどん崩壊していき、検察も警察も教育もみんな政治権力が支配しちゃって、政権が思うようにそれを動かしている。これはとても危険だなと思うんですよね。全体主義に突っ走っている感じがヒシヒシとする。

谷口　確かに、お友達なら教育にも介入できるし、刑事罰すらなくしてしまう、どこの国の何世紀の話や、みたいなことですよね。全体主義、日本を取り戻すというのはそういうことだったのか……。

自民党改憲草案には形式的立憲主義すらない

前川　自民党は憲法改正をめざして改憲草案を出していますよね。大日本帝国憲法も形式的立憲主義、それなりの立憲主義でした。しかし、自民党[※26]の改憲草案にはそれすらない。

谷口　おっしゃるとおり、明治憲法は形式的立憲主義で一応憲法による政治をしようとした。欧米列強に追い付き追い越すためには憲法による政治をしないと認めてもらえないんだと、一応形を整えて当初はちゃんとやっていますもんね。ただ、臣民の権利だし法律の留保があったわけだから、翼賛体制になっていくのも、今になってみれば悪用する人間が出てきたら可能性あるなぁと分かりますけどね。

でも、自民党の改憲草案が9条3項をつくることで一任を取り付けて[※27]自民党の中がまとまったみたいな話を聞いたときに、ほんまにこの政党大丈夫かと不安になりましたよ。どないしたらあの9条1項と2項の次に3項が出てくるねん、どんな人が考えたらそうなるのかすごく不思議

※26
2012（平成24）年に自民党が発表。9条は戦力不保持をうたった2項を削除し自衛権について明記して集団的自衛権の行使を可能にし、国旗・国歌の尊重義務などを新設。さらに天皇、大臣、国会議員、公務員に憲法尊重擁護義務を課した条文は、「全て国民は、この憲法を尊重しなければならない」などと改めた。

※27
2017（平成29）年5月3日の憲法記念日に、憲法改正を目指す集会にビデオメッセージで登場した安倍首相は、2020年に新たな憲法を施行する考えを表明。さらに、憲法9条の1項、2項を残し、新たに3項を作って自衛隊を明文で書き込むという（珍）案を出した。

なのに、認められちゃう。

前川　1、2をそのままにして第3項は、つながらないですもんね。

谷口　理屈として、通るか通らないかという問題で言うと通らない。でも、無理を通せば道理が引っ込む。無理も道理も、一緒にしようとしているじゃないですか。自分たちがやったら道理なんだ、無理じゃない。だって、僕たち与党だから。僕たち安倍一党だから、みたいな。

前川　力は正義、みたいなね。

谷口　そうなんですよ。そういう感じを今の安倍政治というか、今の日本の政治から受けますよね。

前川　とにかく何を言われたって自分たちは力を持っている。多数を握っているんだから、どんな嘘でも、どんな不合理でも、理屈にならないことでも理屈なんだと言って通しちゃう。

国会で平気で嘘をつく、平気でごまかす、人をバカにする大人たち

谷口　言ったことに責任を持たないじゃないですか。批判には責任が伴うと言いますが、大人が自分の口から発したことに対して責任を取らないどころか堂々としている。※28私や妻が関係していたら議員も総理も辞めますよ言うた人いたよね。で、関係ありましたよね。なんで辞めへんのですか。

前川　関係というのは賄賂のことですから（笑）。

谷口　一般的な言語能力ではそういうふうに取らないことでも、堂々と言う。嘘をついても、おや？　と思うあんたの感性がおかしいねん、みたいな。つまり批判される側のほうが能力が足りひんのに、言い換えられたときに言い含められてしまいそうになってしまうぐらい堂々としている。

前川　やっぱり、ちゃんとした議論がないんですよね。

※28　2017（平成29）年2月17日衆院予算委員会で、国有地を格安で買い取った学校法人「森友学園」が設立する私立小学校の認可や国有地払い下げに関し、安倍首相は「私や妻が関係していたということになれば、首相も国会議員も辞める」と述べた。でも、いまだに辞めない……。

谷口　そうですね。議論の素地もなっていないというか。大人が平気で嘘をつく、平気でごまかす、嘘もつき通したらほんまになるみたいなことを、子どもや若い人たちは日々見せつけられ、体験させられているわけですよ。私、政治状況を本当は見るのが嫌で、ＤＶみたいなんですよ。嘘をつきよるわ、暴言は吐きよるわ、しらばっくれよるわ、お金は好き放題使いよるわで、いやいや、これは国家的ＤＶです。

痛めつけられた感がすごくあると思うんです。それを言語化して、痛めつけられているから暴言を吐くなとか、まともな議論をしてくれと訴えると、また真面目が何か言うとる、みたいな感じなんですわ。野党に対してもそうですよね。一生懸命な人をバカにする。

国会議員には憲法の試験を義務付けたい

前川　安倍さんや菅義偉さんの話し方は、本当にひどいですね。まともに答えずに、ちゃんとした批判ではなくて人間性の攻撃みたいなことしかしない。なのに聞かれたことに対しては答えないのが苛立ちますね。とにかく、全部答えないで済ませる。何か喋っているけれども、何の答えにもなっていない。

谷口　いわばですね、いわばこういうことでと言うてるけど、何喋りはりましたっけ？　まったく分かりませんけどという感じですよね。分からへん私がアホなんかと思うぐらい、堂々と喋ってはるじゃないですか。

だから、ああいう人にまともに対抗しようと思ったら負けんねんなということを痛感しています。難しいですね。批判が通じひん相手やからね。批判は、ある種のコモンセンスというか、これはやっちゃいけないよねという共通認識があってこそ成り立つ。だから「批判のお作法」。お作法がないと、やっても通じ合わない。

前川　「批判のお作法」を勉強してきていないんでしょうね。

谷口　ねえ。免許皆伝の人間しか国会に行ったらあかん試験とか、少なくとも日本国憲法の試験で80点取れへんかったら候補者になれないとか、議員になっても定期的に免許更新みたいに試験があったらいいのに。

前川　大学の教職課程のカリキュラムの中には、日本国憲法が２単位分あるんですよね。

谷口　それ、教えています。

前川　ということは、一応日本の学校の先生は全員、日本国憲法を２単位分だけは勉強している。ところが、国会議員の先生は学校の先生と違って何も勉強していないんですよねぇ。

前川・谷口党で選挙に出ないかと言われます

谷口　そのせいかもしれませんが、選挙になったときに、教育委員会とか先生方、行政に関わった人たちとか役所の人のほうがそれこそ谷口さん、出てくれへんの？　みたいなことを言うんです。絶対に出ないですけど。私は向いていないから。劇的に向いていない。あんなんもう、身体検査なんかされたら、たたけば埃しか出ないですから。

前川　全日本おばちゃん党で出たらいいじゃないですか。

谷口　いやいや。2017年の衆院選のとき、ある報道番組でご一緒した元政治家の方に、前川さんと谷口さんが政党をつくったら自民党政権はひっくり返るよ、と言われました。もちろん出ませんよ、と一笑に付したのに、いまだにその方から言われます。

前川　そうですか。

谷口　おっちゃんとおばちゃん二人で出たら、ひっくり返るでしょうと。

前川　今回の対談みたいな感じで？

谷口　そう、こんな感じで（笑）。その番組の控え室で元政治家や学者、ジャーナリストの方々が、それが一番いいわ、前川さんと谷口さんなら、そりゃもう安倍政権どころか自民党がひっくり返るよ、って。みんな風向きを読んで、これは新党に合流しなければ、みたいになるよ、と盛り上がってました。でも、君は私とは思想ちゃうと思うぞ、というような人もみんな集まってきますやん。そこはLGBT万歳とか、生産性なくてもいいです、とか。だから踏絵はしますよと言っておきました。

前川　ちゃちゃっと、綱領でもつくりましょうか（笑）。

谷口　あはは。元政治家の方の政治的勘では、既存の野党も合流したいと言い出すだろうけど、そこでリーダーシップを取れたら、候補者の選定は難しいが衆議院で3分の1取れるで、と言わはりました。ひっくり返るかもしれへんと、本気で言うてはりましたよ。

前川　私は選挙なんて、本当に出たくないですよ。

谷口　そう、絶対にムリ。いろんな人に、どうしたら議員になってもええと思うんですかと聞かれたときに、今夜寝て明日の朝目覚めたら総理大臣になってるんやったらなってもいいです、それ以外は要らん、と答えてます。ね、目が覚めたら総理、いいと思いません（笑）？

前川　私は、それでも総理になんかなりたくないですけどね（笑）。何よりも、選挙に出たくない。とにかく、たすきを掛けて自分の名前を連呼して、人の前で演説するなんてイヤです。

谷口　そう。で、街中に顔写真が貼られるんですよ、あの羞恥プレーにまず耐えなあかん。さらに目に虫ピン（画鋲）刺されて、鼻には鼻毛描かれて。それに耐えられないと議員になれないなら、耐えられるだけの情熱がない人はムリじゃないですか。

前川 そうですね。

谷口 たたけば埃しか出てきませんよ。それこそ、なった途端に週刊誌にあれやこれや書かれて、はい、終わり、せっかく頑張ったのにということになりますよ。元カレとかが何言うか分からへん（笑）。

前川 私は以前フランスにいましたけど、フランスは個人の私生活なんか問題にしないですよ。つまり、政治家は政治家としての公的な立場での発言についてはいろんな批判があるけど、そこの公私の区別がはっきりしている。

谷口 ミッテラン[※29]さんの隠し子のときとかね。

前川 そうそう。それはプライベートなことでしょう、という。

谷口 日本は、アメリカ的ですよね。クリントン[※30]大統領のときのモニカ・ルインスキー[※31]の件は日本とすごく近いなと思っていました。

前川 そうですね。

谷口 ミッテランも同じころでしたよね。ミッテランに隠し子がいてる

※29
フランス・ミッテラン大統領は退任する前年の1994年、30年来の愛人と密会しているところを週刊誌にスクープされたが、掲載前に写真を見たミッテランは編集者に「彼女はキレイだろう。そう思わないかい？」と語った。週刊誌はプライバシーの侵害だと他のマスコミから批判された。

※30
第42代アメリカ合衆国大統領。

※31
元ホワイトハウス実習生。1998年、ビル・クリントン大統領との執務室での「不適切な関係」が報じられた。

と分かっても、ほんで？　だから？　みたいな反応でしたよね。

前川　そうそう。Et《エ》 alors?《アロール》　というやつですよ。フランスの場合は、それは個人の問題でしょう、みたいなね。まあ、フランスは昔から不倫ばかりしていた国だから（笑）。

谷口　さまざまな分野のパトロンにしても、それが歴史をつくってきたというか。誰でも、それぞれ埃が出るわけですね。それでも個人の問題で、あえて結婚しない、結婚制度なんて使わないんだ、みたいなところにまで至るわけですもんね。いや、いいと思うわ。

前川　あれはいいなと私も思いますけどね。

第5章

憲法が想定した人間を目指す

教育の基本は「憲法」

前川　私は個人の尊厳を重んじろとか、自由とか平等とか、基本的人権、あるいは平和、それから国民主権。こういった憲法の原理に基づくシティズンシップ教育[※1]こそ公教育として積極的に取り入れるべきだと思います。そうやって、過去から引きずってきた差別などを否定していかなきゃいけない。公教育というのは、最終的には、おまえの親の言っていることは間違いだと言える力を持っていると私は思いますね。

谷口　ああ、素晴らしいですね。本当ですね。

前川　放っておくと例えば出身地による理不尽な差別なんかそのまま残っていく。それを公教育の力で打ち消していかなきゃいけない。そういう意味では、おまえの親が差別していたとしたら先生は許さないぞという、そういうスタンスは持っていていい。

だからやっぱり、基本は憲法です。憲法で大事だとされているところは学校が積極的に、子どもたちに対してちゃんと意識を持たせなきゃい

※1
市民としての資質・能力を育成するための教育。

けない。ただ、今の小中学校の道徳の教科書に出てくるお話というのは、とにかくわがままを言うな、決まりは守れ、自分を犠牲にして全体のために尽くせ、こんなことばっかり書いてあるわけです。一人ひとりの主体性みたいなものをどんどん否定していくお話ばっかり。

憲法が想定した個人は、ほぼ存在しないのが現実

谷口　憲法はそれこそ主権者として主体的に生きている人間を想定して個人というものが規定されているのに、そんなふうに生きている個人、残念ながら日本の中には、ほぼいないっていつも思うんです。

結局、憲法の理念を教えない。それどころか学校の先生も今、例えば憲法の授業をしたら、政治的だと政治家から怒られる。むちゃくちゃですよね、考えてみたら。いやいや、君ら政治家に憲法尊重擁護の義務[※2]がかかってるんで、なぜあんたらに政治的だと言われなあかんのや。しかも、ベクトルが逆に向かっていることに学校現場の先生が判断つかへん

※2
日本国憲法第99条では、天皇をはじめ国務大臣、国会議員、裁判官その他の公務員に憲法を尊重し擁護する義務を課している。つまり、憲法を守るのは権力側。

というのも怖いし、それに対してあらがえないというか、おかしいと思わない。

前川　憲法の理想ってまだ実現できてないんですよね。いろんな意味で、まだ日本国憲法は発展途上。憲法が求めている状態にまだ達してない。

谷口　状態もそうですし、憲法が求めているような個人像にまったくなれていないと思います。憲法が想定する個人ってものすごく理想的な、自ら考え、主体的に動き、おかしいことはおかしいと言うし、自由と権利は不断の努力で守るし、行動する個人だし、憲法尊重擁護義務のある人たちにはちゃんと意見を言う。そんなことできている人って、どれだけいるんでしょうね。

　70年以上この憲法でやってきて、何でこういう人物像にならへんかったんかなって、いつも疑問なんです。日本国憲法の前文[※3]を読んでいて、そのように行動する人ばっかりだったら、今みたいにはなってない。

　考えたら、私たちが構成している社会の根本的なルールというのは、そういう人たちを想定してできているんだよっていうことも、教えても

※3
前文で、国民主権と代表民主制、そして平和のうちに生存する権利を謳っている。

らった覚えがないですもんね。その状態にもなってないから、ずっと発展途上のままだし、なんなら発展途上のまま後退する可能性のほうが……高いかもしれない。

立憲主義、正しく理解していますか？

谷口　大阪大学で日本国憲法を教えているんですよ。毎回、出席カードにコメントを書かせるんですけど、みんな小中高で憲法をきちんと勉強していないんですよ。それは翻って、大学の先生がちゃんと憲法教えなかったから、今の小中高の先生がきちんと認識できていないのかもしれないなと反省しています。実際、日教組の集まりで憲法の話をしたとき、99条の憲法尊重擁護義務は国民が負うものだと思っている先生がいっぱいいいたんです。デモで「憲法を守ろう」と言うプラカードを見ると、主語は誰？　誰が守るの？　私たちちゃうで、とイラっとします。

前川　確かに立憲主義をちゃんと理解していない人が多いですね。憲法を守るのは国民ですか、国ですかと尋ねたら、国民ですと自信満々に答える人多いですよ。小中高等学校それぞれの社会科の授業で「公民」とか「現代社会」とか、憲法に触れる勉強をするはずなんだけど、ちゃんと勉強していないですよね。

憲法に義務規定はいらない。権利と義務はセットではない

谷口　そうなんですよ。特に90条台は。

前川　日本国憲法は成り立ちとして大日本帝国憲法を改正したことになっているじゃないですか。帝国憲法の形式をそのまま引き継いだ部分があって、たとえば憲法第3章は国民の権利及び義務でしょう。義務規定が三つあるじゃないですか。

谷口　勤労、納税、教育。

前川　そう。あれが、どうもいかんのじゃないのかなと思ってね。

谷口　いかんと思いますよ。憲法に義務規定は必要ないということを学

生に言ったら、すごくびっくりするんですよ。教育の義務についても、彼らは親から、あんた、学校に行くのは義務やから行きなさいと言われてきた。でも、違うしな。

もうひとつ人権論と関わるんですけど、権利と義務はセットだ、コインの裏表のような関係だ、と習ってきている子が圧倒的に多い。それこそ前川さんがおっしゃった、じゃあ、子どもが健やかに育つ権利の裏にどんな義務があんの？　子どもが支払う義務って何？　と。

今どき国際人権の考え方ではそんなことをしないし、権利と義務がセットなんて20年、30年以上前はそんなことを言っていたこともあったけど、今は言わない。なのに、30年前に習った教師が使うわけですよ。

法の目的は、権利と義務なんだというのは教えますけど、例えば納税の義務を果たされへんかったら、生産性がないから、国民としての権利を奪われるのかといったらそんなことは全然ない。それは税の考え方とまったく相反するということを丁寧に説明しないといけません。

「自由には責任が伴う」と書かれている道徳の教科書

前川　道徳の教科書に、義務という言葉ではなく、責任という言葉を使うことが多いですけど、自由には責任が伴うと必ず書いてあります。しかも、自由については何も書いてなくて責任しか書いていない。

谷口　それはまた意図的な。

前川　文部科学省がつくった『私たちの道徳』という国定教科書の中に、学習指導要領では自由についても学びなさいということになっているんですよ。でも、それは必ず責任とセットなんです。

教材は「うばわれた自由」というタイトルの物語で、この物語は舞台設定が封建時代のヨーロッパ、フランス語圏かなと思うのですが、こんなあらすじです。

ガリューは夜明け前に狩りをしてはいけないと決められた森の番人をしていました。ある日の夜明け前、密猟者の銃声を聞いたガリューは飛び起きて取り締まりに行くのですが、若者たちのひとりはこの国の王子・ジェラールで「とらえられるものなら、とらえてみろ。やりたいことができなければ、つまらないではないか。お前も自由に暮らしたいだろう」と偉そうに言うわけです。

それに対しガリューは、「王子様の自由とは、わがまま勝手というものです。自分さえよければ何をしてもよいのでは、周りの者は迷惑です。そんなものは、本当の自由ではありません」と必死に訴えましたが、怒ったジェラールはガリューをとらえ、牢屋に入れてしまいます。

谷口　番人の仕事をしただけなのに？

前川　何年か経ち、ジェラールは王となりますが、自分勝手なことばかりしていたので、クーデターが起きて王位を簒奪されるわけです。

そして、わがままをしていた王だということで断罪されて牢屋に入れられて、ガリューと再会。ガリューは彼に「あなたもとうとう自由をうばわれてしまいましたね」と言う。さらに、牢屋から出されることになったガリューは、「あなたがそこから出られる日がきたら、一緒に本当の自由を大切にして、生きてまいりましょう」と言って去っていった。

いかがですか？

谷口　いやいや、いやいや、いやいや（笑）。何が自由だった？

前川　恐らく、ジェラール王子が自由だと言って実はわがままを言っていたと。だから、奪われたのは自由ではなくわがままなんだ、これはね。しかも、その後に書いてあるのは、自由って何だろう、自由はわがままではないとしか書いてないのね。

谷口　そんな教材で何が分かるねん。

前川　わがままを言うな、わがままを言うと自由も奪われるぞ、という話。こんな教材では、自由について学ぶことはできない。

谷口　ジェラールは、そもそも特権階級じゃないですか。特権階級とか公権力に対してあらがうのが人権だから。何を言っているのか。

前川　そうそう。自由は国家権力に対する概念だという、そこが完全に抜けているし、まるで自由についての教材になっていないんですよ。

谷口　設定もおかしいですしね。

前川　自由のために、例えば国家権力に対して敢然と立ちあがった人なんて世の中にたくさんいるわけだから。この数百年の間には自由のために命を落とした人だっていっぱいいます。そういう話を持ってくればいい。自由は人類が勝ち取ってきたもので、憲法第97条[※4]にも書いてあるだろう、と。

谷口　本当にそうですよ。「人類の多年にわたる努力の成果であつて」、ですよ。ジェラールは努力していない。やっぱりそんなふうに教えられるから、自由とか責任とか人権とか平等とか、公平とか公正とか、全部間違っていくんですね。

『憲法って、どこにあるの？』が生まれたきっかけ

前川　ところで谷口さん、『憲法って、どこにあるの？』[※5]っていう本を書かれましたね。あれはどのへんをターゲットにしたんですか。

谷口　小学生ぐらいの子どものいるお母さんというのをターゲットにしたんですね。本当にママ友に、「憲法ってどこにある？」って言われた

※4
この憲法が日本国民に保障する基本的人権は、人類の多年にわたる自由獲得の努力の成果であつて、これらの権利は、過去幾多の試錬に堪へ、現在及び将来の国民に対し、侵すことのできない永久の権利として信託されたものである。

※5
改憲、護憲を議論する前に、まず「知憲」。憲法のこと、もっと知っておくために、大阪大学での「日本国憲法」講義が人気で、学生の投票で選ばれる「ベストティーチャー賞」を4度受賞した谷口真由美さんが憲法を私たちの素朴な疑問からわかりやすく解説した1冊。集英社から2016年出版。

んです。

前川　どこにある（笑）。

谷口　国会議事堂の金庫の中とかに入っているの？　どこに行ったら読めるの？　みたいなことを言われたんです。だから、ネットで「憲法」って引いたら出てくるでって教えたら、あれ言葉が難しいねん、もうちょっと優しいのはないかなって。それにしても、赤じゅうたんの向こうの金庫の中にあるから普段見られへんってすごい発想やなと思ったんですけど、そんなもんなんやと。

で、子どもに赤信号はなぜ止まらなあかんのかどう説明するの？　って聞いたんです。そしたら赤だから、赤は止まれと教えられてきたから、って言う。いや、憲法がなかったら赤信号止まれも実はないねんけどなみたいな話をしたら、何言っているか分からへんみたいな感じになっちゃって。そこで寺子屋のように1時間ぐらい話したら、今日みたいに私らにも分かるようにちゃんと教えてって言われたのがきっかけなんです。本の中では息子のエロ本を見つけたお母さんはプライバシーの侵害なのかという話と同じレベルで、集団的自衛権[※6]はヤンキーのケンカって説明していますす。

前川　おお。

集団的自衛権はヤンキーのケンカ、集団安全保障は学級会。このふたつが理解できずに憲法改正の是非は語れない

谷口　連れがやられたから、連れが強かろうが弱かろうが無条件に相手に報復しに行くというのがヤンキーのケンカなので。

前川　なるほど。

谷口　いわゆる集団安全保障は学級会という説明をしていたんです。

前川　確かに、日本人は、集団安全保障[※7]と集団的自衛権を全然区別できてないですね。

谷口　はい。集団的自衛権と個別的自衛権[※8]と集団安全保障が三つちゃんと説明できて初めてあの議論に乗っかれるのであって、少なくとも集団

※6
同盟国などが攻撃されたとき、自国への攻撃と見なし、反撃できる権利。谷口さん的に言うと「ヤンキーのけんか」。

※7
国連憲章では加盟国が武力攻撃を受けた場合、他の加盟国が共同で軍事的な手段を含む制裁措置をとることを定めており、国連軍が制裁を加えることができる。

※8
国連憲章により、国連加盟国に認められた自衛の権利。自国が他国から武力攻撃を受けた場合に、自国を防衛するために武力の行使をもって反撃する国際法上の権利。

安全保障と集団的自衛権の違いが分からない人に集団的自衛権は必要でしょうみたいな話をされると、いやいやちょっと待てと。じゃあ、国際協調主義[※9]と言ってきた国連中心の考え方はやめるんですか、と言うと言葉に詰まる。

前川　9条の議論をする際にはどうしたって、「集団的自衛権って何」っていうことをちゃんと理解しないと、国民として、主権者として、憲法改正についてイエスと言うのかノーと言うのか、判断できないですよね。

すべての国民が「学問の自由」を持っている

前川　この前、堀尾輝久[※10]さんという教育学者と対談したんです。学問の自由の「学問」という言葉を、憲法学者の人たちは主に大学で行う学術的な研究を学問と呼んでいる、と。しかし、『学問のすゝめ』[※11]を書いたときに福沢諭吉[※12]が考えた学問は、べつにそんな高尚なものばかりじゃなく、小学生が識字から始めるものだって学問だった。つまり、もともと

※9
国際社会の中で諸外国と友好的に協力しながら、課題に対処し共存していこうという考え方。日本国憲法の前文にも「われらは、平和を維持し、専制と隷従、圧迫と偏狭を地上から永遠に除去しようと努めてゐる国際社会において、名誉ある地位を占めたいと思ふ。われらは、全世界の国民が、ひとしく恐怖と欠乏から免かれ、平和のうちに生存する権利を有することを確認する。」とある。

※10
東京大学名誉教授。専攻は教育学、教育思想史。

※11
福沢諭吉が著した明治初期の啓蒙書。第17編まで続き、発行部数あわせて340万部のベストセラー。初編冒頭の「天は人の上に人を造らず人の下に人を造らずと云へり」は有名。

の学問は、学習とか勉強の意味を含む言葉だったんですね。

だから、学問の自由は大学の先生の専売特許じゃなくて、すべての国民が学問の自由を持っているわけだし、すべての国民の中には小学生も入っている。それは、学習者の学習の自由という意味だとおっしゃっていて、なるほどと目からうろこが落ちました。

堀尾さんは法学部を出てから、教育学の研究科に行って教育学者に転身した人なんです。

谷口　学問の自由を大学に限定していることについて、私もずっと疑問に思っていて。それこそが旧帝大[※13]というか、いかにも法学部的な発想じゃないですか。象牙の塔みたいなのをつくってきた人たちの言いかねんことやな、みたいな気がします。

そういう国家による学問の自由の侵害が家永訴訟[※14]で問題にされたりする。けど、うーん、でもさ、子どもたちの学習の機会が奪われていたりするのは、学問の自由で論じるべき話ではと発言したら、重鎮の先生にどうやったらアカデミックの言葉の中に初等教育が入るんだ、君は勉強

※12
教育家、啓蒙思想家。慶応義塾の創立者。

※13
旧帝国大学の略。明治から昭和にかけて、帝国大学として設立された大学の総称。東京大学、京都大学、東北大学、九州大学、北海道大学、大阪大学、名古屋大学の7大学。

※14
1965（昭和40）年、高校日本史教科書の執筆者である歴史学者・家永三郎氏が、文部省による教科書検定は検閲にあたり違憲であるとして、国を相手に提訴した裁判。

不足だと怒られる。その珍説を学会で開陳したまえ、みたいなことを言われましたよ。

でも、気持ち悪いんですね、憲法って学者だけのものじゃないから、それこそ全国民が読んで素直に読めるものが一番じゃないですか。9条の解釈もそうなんですけど、読んだとおりに運用しないと理解できないじゃないですか。

前川 それはそうですよね。

谷口 だから、素直に読むというのが一番大事で、中学校で初めて日本国憲法を習ったとしたら、読んだままでよろしいんちゃいますのんと言うたら、また怒られました。

でも、自分たちの特権を守るための理論武装じゃないと思っていたので、堀尾先生のおっしゃることはすごく腑に落ちます。『学問のすゝめ』は面白いんですよね。小説みたいで、今読み直したらすごく新しくて。

前川 そうなんですか。私は残念ながら読んだことがない。「天は人の上に人を造らず」しか知りません（笑）。

日本の民主主義は、まだよちよち歩き。主権者の作法を身につけよう

前川　私は、本当に主権者が主権者たり得るためには、知る権利だけではなくて、「学ぶ権利」がちゃんと保障されないといけないと考えています。学ぶということがいかに大事かということを最近、痛切に感じているんですね。12歳の子が15歳になり、18歳になって、ちゃんと賢くなっていく。一歩一歩勉強するしかないんだけど、それが大事だと思っているんですよね。

谷口　ほんとそうですよね。主権者の作法があると思うんですね。主権者として同じフィールドで議論しなきゃいけないことがたくさんあるのに、大半は「難しいことは分からへん」と平気で言う。難しいことが分からへんことをそんな自慢気に言うなよ。反知性とか非知性って言われて何年か経ちますけど、知らんことがそんな偉いですか。

知性に対するポピュリズム[※15]の台頭みたいな動きは、日本にもあると思

※15
一部の民衆の一時的な感情や欲求などに迎合するように政治的な態度や主張を決め、それによって人気を獲得したり政治的基盤を確立すること。アメリカのトランプ大統領が代表的存在。

うんです。でも、人権ができて、自分たちで民主主義を始めようと決めて日本はまだ72年しか経ってないんです。今までなかった社会システムをつくってんねんから、72年なんてまだよちよち歩き。今ようやく歩み出したところで、俺らの生活何も変わらへんやんけって言うけど、そんなもん1年、2年ですぐ変わるわけがありません。

いま何か聞いたらすぐ答えが出る、いま何か動いたらすぐ変わるみたいに思っている人が多いように感じます。政策もそんなふうになりがちなんじゃないかな。我慢強くゆっくりでもいいから変えなきゃいけないものとか、粘り強さとひつこさが、本当にないねんなというのを感じるんですね。

第6章

批判に疲れた人たちへ

批判しても何も変わらない社会への疲労感

谷口　日本国中、あちこちへ講演に呼ばれますが、どこもおじさん率が高い。若者もいますけど、大半は私と同い年ぐらいの女の人か、おじさんという状況です。前川さんはいかがですか？

前川　私の講演会も60歳以上の人が多い。若い人たちにいかにアプローチするか、それが目下の課題です。

谷口　同時に最近気になるのが、メディアの人たちや積極的に政治に関わっている市民の方たち。おばちゃん党の中でも、お疲れ気味の人が多いんです。安保法案[※1]、共謀罪[※2]、選挙、モリカケ問題、大阪都構想[※3]、沖縄米軍基地問題、などなど、みんな食い止めるために頑張った。だけど思うようにいかない。結局、安倍一党は継続され、ますますやりたい放題。頑張っても頑張っても結果が出ない、よくならない……疲れますよね。

なぜ疲れてしまうのか。それは、主権者たる意識は本来社会全体で背負わなきゃいけないのに、批判している人だけが背負って、自分だけ取

※1　「国際平和支援法案」と、自衛隊法改正案など10の法律の改正案をひとつにまとめた「平和安全法制整備法案」からなり、２０１５年７月、衆議院で可決した。

※2　組織的犯罪集団に所属する人間が２人以上で重大な犯罪を計画した場合に、実際に犯罪を行わずとも準備行為をした段階で処罰が可能となる法律。「組織的犯罪処罰法（組織的な犯罪の処罰及び犯罪収益の規制等に関する法律等の一部を改正する法律案）」。２０１７年６月に成立し、７月11日から施行。

※3　大阪維新の会が提唱する、大阪府と政令指定都市の大阪市・堺市を解体し、10〜12の特別自治区からなる大阪都を新設するという構想。

り残されている感があるからすごくしんどくなるんだと思うんです。
こんな大きな社会をひとりで背負えるわけがない。でも、おかしいことに気付いたからおかしいと言ってみても、周りは誰もおかしいと思ってくれない。それは相手側にアンテナが立っていないのもあるけれど、もうひとつ自分の発した言葉が難しくて相手に伝わらない問題もあると思うんです。賢そうな人が賢いことを言っても難しくて伝わらない。

社会にもある「10歳の壁」

前川　2018年に『報道ステーション』[※4]のプロデューサーが今までは偏差値70を考えていたけど、これからは偏差値50[※5]の人たち向けの番組づくりをすると言ったそうですが、これは恐ろしい話だと思いますよ。

谷口　かつてマッカーサーは「日本人は12歳」[※6]って言っていましたね。私が2011年にテレビの夕方の情報番組に出演しはじめたときに、テレビ局に勤める友人から「10歳の子どもに分かるように喋らないと、た

※4　テレビ朝日をはじめとしたANN系列で月曜～金曜日の22時台に生放送している報道番組。

※5　2018（平成30）年8月に新チーフプロデューサーが所信表明の席で「今の『報ステ』のイメージは偏差値70くらい。偏差値50の庶民が見たときに理解できないからチャンネルを変えちゃおうとなっちゃってる」と発言したとの情報がネット上で拡散。

※6　GHQ最高司令官のマッカーサーが帰米後の1951年、軍事外交共同委員会で「日本人は12歳」と発言。

ぶん伝わらない」ってアドバイスを受けました。それで考えてみると、私の本務校の大阪国際大学って当時の偏差値35みたいな大学だったんですね。学生に「あんたらいつから勉強分からへんようになった?」って聞くと「小学4年生」って言うんです。まさに10歳なんです。

前川　「10歳の壁」[※7]という言葉があります。そこで勉強についていけなくなる時期なんですね。

谷口　分数とか小数とか抽象概念が入ってくると、思考の奥行きを持たなきゃいけない。共感力、人のことを理解するのもそうですね。平面で捉えると絶対分からない、遠くで起きている気の毒な話を聞いて気の毒と思えるかどうか、自分ごととして捉えられるか、これが自分に責任ある社会で起きている問題だと捉えられるかどうかは抽象概念です。

恐らく、抽象概念でついていけなくなった子たちが大学生になって、大学も実学重視で、社会ですぐに役に立つ人材育成みたいなことを言うので、それこそ哲学や人権について学んだりゆっくり考える時間がないままに大人になっていくわけです。しかも奨学金も借りているから生活

※7
別名「小4の壁」ともいわれ、9歳から10歳の小学4年生の子どもの精神面・学習面の成長過程における関門のひとつ。

に余裕もないし、考えている暇もない。考えようと思ったときに平面でしか理解できないと言葉がどんどん難しく感じられてしまうようになります。

前川　ほんとに、そうなりますよね。

谷口　全日本おばちゃん党をつくったときに、おばちゃんたちに分かる批判って何かなと考えて、私がひとつやったのは、笑いなんです。今の日本に圧倒的に欠けているのは風刺の視点だと思っています。風刺画、川柳・狂歌とか、権力者をおちょくる瓦版みたいなものが本当になくて、どっちもが罵詈雑言《ばりぞうごん》ばかり。アホ、ボケ、カスとか、マスゴミとか、そんなことを言っちゃうのが本当にダメだと思うんですね。

そういうことが理解できて初めて、社会の構成員としての責任を感じて次に自分は何をしなきゃいけないのかがわかるのに、構成員としての責任を感じていないから「代表者を通じて行動し」という憲法前文の1文目が、まったく浸透せず、行動もできていないのです。

批判しても通じない、言っても無駄だという無力感は、社会に対して責任を感じている人たちだからこそ味わっている。そして、真面目だからこそ折れていく。何で分からへんのやろうとだんだん腹が立ってきて、そのうちこんなやつらのために一生懸命頑張る必要ないわと思ってやめてしまうか、あるいは先鋭化していくかのどっちかかなと思います。

何でも分かりやすけりゃいいわけちゃう

前川　確かに、分かりやすくというのは大事だと思うんですけどね。

谷口　一方で、分かりやすす過ぎるというのも問題で、難しいことは難しいままにしておかなきゃいけないこともあると思うんです。そんなに単純化できない。だから難しいんだよということを提示することも大事です。それを理解するためには、こういう勉強をしてもらわないとねという部分はある。マッカーサーが12歳言うて、今は「10歳の壁」かい。下がってどうするんねんって思ったんですけど、確かに10歳の子に喋るぐらいのつもりでちょうど通じる実感はあるんです。

前川　最近、私がお勧めしているのは、広島の若い弁護士・※8棣大樹《はんどうたいき》さんが書いた『檻《おり》の中のライオン』という本。国家権力はライオンで、立憲主義に基づいてつくられる憲法は檻だと。放っておくと暴れ回る国家権力を、ちゃんと檻の中に入れて飼いならすみたいなイメージ。例えば、※9緊急事態条項というのは、ライオンに檻を内側から開けられる鍵を渡すようなものだという比喩で説明しています。比喩には分かった気になって、実はちょっと違っているという危ない部分もあるけど、この本は結構いい比喩だなと。まさに12歳、中高生向けだけど、大人も十分勉強になる。まぁ12歳程度の大人がたくさんいるということを考えれば、そんなもんか。

谷口　この間、岩波ジュニア新書を一部書いたんです。ジュニア新書って私、中学生か高校に入るときの課題図書だった覚えがある。でも、今の対象は大学生ぐらいだと思ってくださいと、出版社の方に言われたんです。ジュニア新書が大学生だったら、新書は誰が読むんですかねぇ。

※8
『檻の中のライオン　憲法がわかる46のおはなし』かもがわ出版。

※9
戦争やテロ、大規模災害などの非常事態に対処するため、一時的に政府に強い権限を与える法的な規定。自民党が２０１２（平成24）年に公表した憲法改正草案に盛り込まれているが、国の指示への国民の順守義務も含まれており悪用されかねないと危険視する声も多い。

今の政権は国民をバカにし、バカのままにしておこうとしている

前川　たとえば、集団的自衛権を認めるかどうかの議論には、そんなに遠くもない将来に何が起こる可能性があるかを想像する力が必要だと思うんですね。

谷口　そうですね。あのとき、政府が出した紙芝居みたいなやつ。隣の家が火事やったらあんたは消せへんのかとか、逃げ惑う母、子ども。アメリカの軍艦で助けてもらう言うけど、軍艦には絶対民間人は乗せてもらわれへんぞ。その前に、そんなえらいことになっているところになんで母子だけがおんねん、オトンはどこ行ってんとか。

前川　あり得ない想定ですよね。

谷口　あり得ない想定のエキセントリックさを、その画面だけで国民に認識させているわけです。外国に行っているときに急に戦争になる。いやいや、戦争は急にはならん。じわじわ来んねん。邦人退避っていうの

がある。それがなかったら、外務省は何のために大使館とか領事館を置いていているか分からん。でも、そこは説明しない。まさに印象操作なんです。そんなシチュエーション、今まで見たことないじゃないですか。私聞いたこともないし。

前川　子どもだましですよね。今の政府はまさに国民が12歳だと思っている。12歳のままに置いておこうと。

谷口　何だったら10歳とか8歳にしてしまおうと。

前川　12歳といったら、12歳の子に対する冒瀆かもしれない。実際の12歳はもうちょっと賢い。

谷口　10歳とか8歳とか6歳とか、小学校入学程度。あの紙芝居を見て、えっ?!　マジで?　って思うのは小学生だと思うんです。ところが、えっ?!　と思った人がいっぱいいるというのは、それこそマジで?!　通じちゃうんだ!　ですよ。

前川　本当に今の政権は国民をバカにしているというか、バカだと思っている。国民はバカのままにしておこうとしている。強い言葉でわっと言えば、みんなそうだと思ってくれるみたいなね。

谷口　バカのままというか、寝ていてほしいんですよ。寝た子を起こすなとよく言いますけど、あれ本当は寝てないし。大体、大人がこそこそ話しているとき、子どもは寝ろ言われても薄目を開けて聞いている。だったらちゃんと起こして、ちゃんと朝ご飯も食べて機嫌悪いのを直して、みんなで機嫌よく暮らしましょうというほうが絶対に大事ですよね。

　前川さんがおっしゃるように、教育でしか人権なんて分からないし、教育でしか理解って深まっていかないのに教えない。寝てんねんから教えんでええねんっていうより、睡眠薬を入れられているから本当にすぐに眠らされる、寝とけって言われている気がして仕方ないです。

前川　なんか、森さんの「寝ていてくれればいい」[※10]発言によく似ている。

谷口　国民は寝ていてくれればいいんだ、その間にナチスの手口を学んでっていうことでしょう。

前川　まさに今のポピュリズムみたいなものは、ナチスの手口[※11]に近いような気がしますけどね。逆に言うと、ナチスの手口を国民が学んでおか

※10
2000（平成12）年6月20日午後、当時の森喜朗首相は衆院選に関する報道各社の世論調査で与党3党が安定多数を確保する勢いであることに関して「無党派層と言われる人たちが寝てしまってくれればいい」と発言。夜になって「寝てたらいいと言ったわけではなく、よく考えてもらわないといけないという意味だ」と訂正した。

※11
麻生太郎氏は2013（平成25）年、講演で憲法改正論議に関して「ドイツのワイマール憲法もいつの間にかナチス憲法に変わっていた。誰も気が付かなかった。あの手口に学んだらどうかね」と発言。ナチス政権の手法を肯定したとも取れる発言により、国際的な批判を招き、発言撤回することに。

ないと危ないですね。

何かをずっと信じているのはマズい

谷口　この間、琉球新報の編集委員の方がフェイスブックに書いていました。一生懸命記事を書いているのに、インターンシップの大学生に「政府は嘘をつくのですか」って聞かれて、ガクッときたって。

前川　お上は正しい、みたいな観念を刷り込まれている。

谷口　無邪気ですよね。反抗期がなかったのかな。親とか先生とか大人が言うことに対して疑問に思う時期があったら、その延長線上に、周りの大人が嘘ついたように行政や政府も嘘つくかもって思えへんのかな。

前川　そうそう。やっぱりヤンキー時代が必要だということですね。

谷口　ヤンキーとカオス。信じられるものがない状態を一遍経験したほうがいいと思うんですね。

前川　何かをずっと信じちゃっているというのは、まずいと思う。

谷口　前川さんがおっしゃるように、教育とは、自分の親がおかしいならおかしいと先生はもちろん、自分自身が言えるようになることですよね。それまで親の言うことが一番の社会の窓口だと思っていた。例えば学生に「義務教育というのはあなたたちが行く義務ではなくて、児童労働とかをさせないで保護者が学校に通わせる義務なんだよ」と説明すると、出席カードに必ず毎回何人もが「私が学校へ行く義務だと思っていた」「ずっと親はそう言ってきた」、でも「今日、家に帰って親に言います」って書いてくるんです。自分にかかった義務だと思っていたから、学校を休んじゃダメだと思っていたと言うんですよ。

不登校になった学生に、学校拒否、自分で行かないという選択もあって、それを社会が容認しているのは、学校へ行くことが義務ではないからですよ、と説明すると、えっ、親が間違っていたんですかとビックリされます。

前川　２０１６年12月にできた教育機会確保法[※12]という法律には、「学校以外の場で学ぶことの重要性」という言葉が入っているんです。不登校

※12
不登校の子どもに、学校以外での多様な学びの場を提供することなどを目的とした法律。２０１７（平成27）年２月に全面施行された。学校復帰を大前提としていたそれまでの不登校対策を転換、民間のフリースクールや公立の教育支援センターなどを確保する施策を国と自治体の責務とし、必要な財政支援に努めるよう求めている。あわせて、義務教育を十分受けられなかった人たちのための夜間中学などの教育機会の保障も求めている。

を不登校のまま認める前提でできている法律で、画期的なんですね。
それまで文部科学省は、とにかく学校に戻せ戻せとばっかり言っていたんだけど、それを学校に戻らない道もあると法律ではっきり言ったことは大きいですよ。でも、もともと学校に行くことは権利であって義務ではない。それがやっと実現してきたということでもあります。

人類はそんなにバカじゃないと楽観的に信じることも大事

前川　批判に疲れてしまったという話はよく分かります。だけど、疲れない範囲でやるしかないなと思っています。何より、バーンアウトしないようにね。粘り強く、一縷《いちる》の望みや光をずっと求め続けるような、そういう粘り強さが必要ですよね。

谷口　だから私たちも政府に対して強烈なパンチを食らわすような批判をしなくてもいい。蜂のように、ときどきチクリと刺す。それがボディブローのように後からじわじわ効いてくる。批判を言い続ける意味はあるんです。言わなかったら、もっとひどくなっていたかもしれないしね。

前川 そして、それ以上にある種の楽天主義みたいなものがあったほうがいいかな。ちょっとそれは信仰に近いかもしれないけど最後に必ず正義は勝つ、愛は勝つみたいな。人類はそんなにバカじゃない。１００年前、２００年前、３００年前を考えたら、まあ、少しずつまともな世界になってきているんじゃないか。だったら１００年後はもっと良くなるはずだ、それぐらいの気持ちでいればいいんじゃないかな。20世紀初頭の１９１９年よりも２０１９年のほうが良くなっているでしょって。

谷口 そう信じているよね、と思いたいですね。

前川 だったら、２１１９年はもう少しまともになっているんじゃない。

谷口 私もそういう意味ではオプティミストだと思うんです。すごく楽観しているんですね。そんなに悪くはならんのちゃうか。ただ、政府が嘘をつかないとは思ってないですよ。むちゃくちゃ、嘘をつきよると。

前川 特に、今の政府はね。

谷口 私も政府は疑っていますけど、ケセラセラだと思っています。なるようにしかならんやろうと。社会の軸があんまり極端に動いたら戻ってくるやろう。そうやって人類って発展してきたんじゃないかな。

ただ、自民党総裁選で3選とかいって振り切り過ぎると、軸を戻すのにちょっと時間がかかるかなという気はするんですよね。

アメリカは嘘から戦争を始めた国。きわめて危険な国と同盟を結んでいると自覚すべき

前川　それが極端な方向に行って、日本がアメリカと一体となって、ついにはいっしょに戦争するような事態にならなければいいんですけどね。

私はアメリカという国をもともとあまり信用していません。トンキン湾事件[※13]でベトナム戦争を始めたり、大量破壊兵器があると言ってイラク戦争を始めたり。嘘から戦争を始めた国でしょう。日本は74年間戦争をしてないけど、アメリカってあちこちで戦争をして、あちこちの国の主権を侵害し、武力介入なんかやり放題やっている。そういう国と同盟関

※13
1964年にトンキン湾で起きた、アメリカ海軍と北ベトナム軍の軍事衝突。8月3日と4日に、北ベトナム軍の魚雷艇がアメリカ軍の駆逐艦に攻撃を仕掛けたことを口実に、アメリカはベトナム戦争へ本格介入したが、後年、ペンタゴン秘密文書により4日の事件はアメリカによる捏造であることが判明した。

※14
分断統一の主導権をめぐって南北ベトナムの勢力が対立する中、インドシナの共産化を恐れたアメリカは1965年に軍事介入し、南ベトナム軍を支援。戦争は長期化し、ベトナム人の犠牲者は120万～170万人という推計も。

係にあるわけで、それはきわめて危険な国と同盟を結んでいるんだという自覚を持たなきゃいけないと思うんですね。
　だから、いつかは戻ってくると私も思うんです。１００年後はきっと今よりもいいだろうと思うんだけど、それが破滅的なところまで行かないようにしなきゃいけない。でもこの国民はもう一遍戦争をして負けないと気が付かないんじゃないか、そういう悲観論に傾きたくなる瞬間があるんですよね。

谷口　悲しいけれど、ありますね。

前川　だけど、そんなにアホじゃないだろうと、どこかで踏みとどまってもう一遍戻るんじゃないかなという、そういう気持ちもあります。
　そのためにも、私はこれまでの人類の歴史に学ぶことが大事だと思っているんですね。さまざまな国の人間が、今までどんなアホなことをしてきたかを学ぶ。特に、同盟国であるアメリカがどんなことをしてきたかは、勉強しておいたほうがいい。

谷口　そうですよね。でも世の中に残っている歴史、特に正しい歴史、正史と呼ばれるものは勝者の歴史で、勝者にすごくいいように書くじゃないですか。負けた側の歴史は出てこない。よく「敗者と女の歴史は出てこない」という話をするんです。男で勝った人の歴史しか習っていないから、どうしても為政者目線になる。どんな虐殺をしていようが勝てば官軍、勝った人間はスーパーヒーローですよ。だから、グッドよりバッドでしょう。失敗した事例、良くなかった事例から何を学んでいくかが大事です。

それでいうと、例えば日本でも、74年前の戦争が何だったのか、どうしてあんなことになったのかということを、それこそ平成が終わるかというときにもう一回問い直さなきゃいけないと思うんですけど、たぶんそういう作業はなされないでしょうね。

明治150年というこのバカ騒ぎも、じゃあ明治時代以降、日本はどうなったのか、それが江戸時代とどう違って、近代化はどのように図られてきたのか。実はそういう検証がなされている本がほとんど出ていませんね。ただただ坂本龍馬はいいよね、西郷どんいいよねみたいなものばかり。たまに女の人が出てきたら、それを支えた女たち、みたいな視点で。

前川　支えた女ね、確かに。

桃太郎と「鬼の子どもだったらどう思うか」という視点

谷口　ずっと考えてるんですけど、子どもの素朴だけど本質的な疑問を、大人がずっとつぶしてきてるんじゃないでしょうか。私、子どもの頃から「桃太郎」はおかしいって思っていたんですね。だって、イヌとサルとキジを連れて、突然、鬼を倒しに行くんやけど、絵本の中だけでは鬼がほんまに悪いかどうかが分からなかったんです。

どこかに住んでいて悪さしよる、金銀財宝を持って帰ってきたというけど、もともと鬼の財産やったらどないすんねん。もし鬼が奪ったとしても、それをまた取ってきたらあかんやろとか、いろいろすごい疑問で。大体おじいさんやおばあさんが鬼に何か悪さされていたのかが、何も出てこないじゃないですか。鬼の子にしてみれば、桃太郎たちが勝手にやって来て私の大事なお父さんをいきなりぶった斬ったわけですよ。だから桃太郎ってアメリカ的なんです。イヌとかサルとかキジって、日本とか、韓国もかな。いろんな国が連れていかれて、よう分からへんけど。

前川　有志同盟。

谷口　ときどき鬼は海を渡ってきて、食糧が欲しいなとか、何か食べたいなとかの欲求はあったかもしれないですよ。でも、それはもしかして対価を払っていたかもしれないし。そこも全部すっ飛ばしていきなり成敗するって、おかしくないですか。

そしたら、2013年度の新聞広告クリエーティブコンテスト※15で最優秀賞を受賞した作品が、鬼の子どもの絵に「ボクのおとうさんは、桃太郎というやつに殺されました。」というコピーがついたポスターで、一目見て、やられたと思いました。

前川　何かで読んだのですが、鬼という言葉は、「隠《おん》」「隠れる」という言葉から来ているんだという説があるんです。つまり、隠れている存在

※15
日本新聞協会広告委員会が2013年度に「しあわせ」をテーマに実施した「新聞広告クリエーティブコンテスト」で、桃太郎に父親を殺されたという鬼の子どもを描いた「めでたし、めでたし？」が最優秀賞を受賞した。

で、それが出てくると脅威に感じる。でも何で隠れているかというと、まさに被征服者のことなんだと。朝廷によって平定された側、アテルイとか蝦夷の人たち、あるいは北海道のアイヌ。それから満州でも追い出された中国の人たちは、隠れて存在するしかなくなっちゃう。それが隠なんだと。隠から鬼になったんだと。もともと自分たちのものだった土地を取られたのだから、それを取り返そうとする力が働いて、ときどき鬼が出てくる。

つまり侵略した側が、侵略された側の人たちを鬼だと言って悪者にしているんです。アメリカの西部劇だって、ネイティブアメリカンを悪者にしている。確かに谷口さんがおっしゃる通り、すべての歴史は勝者の歴史だから、勝者の歴史の中では敗者のことを鬼だと、悪者だと言っている。そういう構図で人類の歴史はずっと続いているんですよね。

谷口　ある意味、都合よく歴史を改ざんしていく作業です。決して存在していなかったわけではない、実際にいた人たちをいなかったことにして、怖いものだという意識を植えつけ、そういうものが出てきたときには攻撃してよいという対象にして絵本とか物語で学ばされてきた。
大切なのは想像力ですよね。例えば、道徳の教科書に桃太郎が載っていていいと思うんですけど、鬼の子どもやったらどうですか、という視点が入っているべきだと思うんですね。桃太郎は正義だと一体誰が決めたのか、その危うさを教えるなら道徳は意味があると思うんです。

前川　そうですね。日中戦争のとき「暴支膺懲《ぼうしようちょう》」という言葉があって、「暴支」とは暴れる支那、「膺懲」とは懲らしめることですね。まさに桃太郎で育った子どもたちが立派な兵士になって、暴支膺懲のためにと中国に投入された。

谷口　その点、「金太郎」はえぇ話です。何しろ、金太郎とクマはタイマン、一対一ですから。桃太郎はイヌ、サル、キジを連れて……やっぱり桃太郎はヤンキーやな（笑）。

誰もが等しく受けられる教育の中で「考える」「思考する」ことを学ばなければいけない

谷口　大学で教壇に立ちながら若い人たちにどうしたら届くのかいつも考えているのですが、学生たちの出席カードを読んでいると、彼らは本当に考えているんですよね。ただ、今まで考えるきっかけや機会がなかっただけなんです。

特に受験勉強を一生懸命頑張ってきた、いわゆる上位校と言われる学校の子たちは、受験のテクニックを身に付けなきゃいけないから覚えることが多すぎて、考えること、思考することよりも記憶、暗記、それを使うテクニックに走ってしまう。だから小論文を書くテクニックはあるけれども、何が本質的な問題かを追求できない。

大学に入ってからではなく、義務教育、誰もが等しく受けられる教育の中で「考える」「思考する」ことを本来は学ばなければいけないんですよね。

前川　確かに、受験を勝ち抜いて国家公務員試験を受けて高級官僚になっている人たちの中には、とにかく正解を覚えてそれを紙に書いてきただけの人って結構多い。だからとんでもないことを言う人が実は官僚出身だったりもするんだけど。公務員試験で憲法の試験も受けてきているはずなのに、憲法をどうやって勉強したんだろうと思う人がいる。

結局、教科書に書いてある学説や判例を覚えて、それを体裁よく小論文なら小論文らしく整えただけ。単なる言葉として、知識として吸収したものをそのまま吐き出しているだけ。自分で考えていないから、自分の血や肉になってない。自分のものにできていないんだろうと思うんですね。

例えば、元防衛大臣[※16]の稲田朋美さんだって司法試験に受かったんでしょう？　どうやって憲法の答案を書いたんだろうと。彼女に限らず、司法試験や国家公務員試験に合格した人が、どういう憲法の答案を書いたのか、どういう憲法の勉強の仕方をしたか不思議です。

谷口　思想信条調査をした元大阪市長も、今の大阪市長も弁護士さんで

※16
網タイツに地元・鯖江製のメガネがトレードマーク、「永田町のファッションリーダー」とも呼ばれている。2016年第3次安倍晋三再改造内閣で防衛大臣に就任するも、南スーダン国連平和維持活動（PKO）に派遣された部隊の日報を陸上自衛隊が保管、隠蔽していた問題の責任を取って辞任。グダグダの答弁は……いただけなかった。

すからね。思想・良心の自由はプライオリティーの高い人権として学びませんでしたっけ？　きっと単なる暗記だったんでしょうね。

今の文科省はひどすぎる。でも文部官僚は教育を政治に任せてはいけないというＤＮＡも持っている

谷口　ところで近年の文科省は、いろいろ大変だったじゃないですか。

前川　いろいろね。まあ、ちょっとひどすぎますね、今の文科省。さらに障害者雇用の水増し[※17]まで、それも文科省でやっていたって。

谷口　半数以上でしょう。

前川　私は事務次官でしたから責任あります。

谷口　そういう報告って上がってこないものなんですか。

前川　数字を見た覚えはあるけど、それが水増しだとは知らなかったですね。収賄事件[※18]もあるし、その前は私も当事者であった天下りあっせん[※19]問題もありましたしね。信頼を落とすようなことばっかり起こっている

※17
２０１８（平成30）年10月、障害者雇用促進法で義務づけられている障害者の法定雇用率について、複数の省庁で不適切な障害者数の算定が行われていたことが発覚。第三者委の報告書によると、実数ベースでは28機関で計３７００人が不適切に算入していた。

※18
２０１８（平成30）年に発覚した東京医科大学への補助金と裏口入学などをめぐる接待汚職事件。

※19
２０１７（平成29）年１月、在職中の文科省職員による天下りあっせんが発覚。当時、事務次官だった前川氏は責任を取り１月20日に辞任。３月30日、松野大臣は省内での調査結果の最終報告を行い、62件の国家公務員法違反を確認、同日付で歴代事務次官３人のＯＢを含む幹部37人に停職や減給

わけです。文部科学省の信頼回復は非常に難しいと思っています。
　しかも今の教育行政は、とにかく成長戦略のために教育を使う傾向が強くなっているし。

谷口　役に立つ人材の育成ですね。

前川　とにかく、文科省の体たらくは、極めて残念な状況ですね。だけど、文部官僚っていろいろと批判は受けるんだけれども、決定的に教育を政治に任せてはいけないというＤＮＡはどこかに持っているんです。どこかで防波堤にならなきゃいけないというね。かなり押し込まれていますよ。だけど、そのまんま政治が教育を支配するようになってしまったら危険なんだという、それは戦後一貫してＤＮＡとして持っている。
　ただ、それがだんだん弱まってきている感じがして、怖いなと思っているんです。官邸の力が非常に強くなってきて押し込まれている。これは文部科学省だけじゃなくて、官邸が各省を支配し始めていますからね。外交も、外務省は自立性を失ってしまって官邸の指令に従っている。財政も、財務省が自立性を失って官邸の言うがままになっている。

などの処分を実施した。

官邸が全部司令塔になって、各省が下部機関みたいになっちゃっているという状況があって。特に今の政権はそうした非常に危険な部分を持っている政権なので、メディアも教育もどんどんと支配しようとしているでしょう。

谷口　そうですね。

メディアと教育が支配されたら、全体主義へ行ってしまう

前川　メディアと教育が支配されたら、国民は全部洗脳されて全体主義に行っちゃいますよ。それが心配です。その取っ掛かりが道徳教育だから、道徳教育のところで何とか全体主義の蔓延《まんえん》を防がなきゃいけないと思っているんですけどね。

谷口　何も考えない単なる「材料」になる、無機質な材料をつくるための道徳教育という気がしますね。そこで反抗したりとか、ものを考えたりとか、ものを言う、憲法が想定している「行動する個人」とか「自立

した個人」ということではなくて、本当に「由らしむべし、知らしむべからず」の何も考えへん、お上の言うことは間違っていません、はい分かりました、という人間を育てるための教育。

前川　「星野君の二塁打」が象徴的だけど、「決まりを守る」という徳目は「道徳」の学習指導要領に書いてあるんです。

１９５８年、昭和33年に岸内閣が「道徳」を最初に導入したときの学習指導要領のほうが今よりもまだマシで、「自分たちで決めた決まりを守る」って書いてある。

谷口　正しいですね。

前川　自分たちで決めた決まりを守る。それが都合悪ければもう一遍、また決め直すという話がビルトインされているわけですから、これは自治とか民主主義につながる考え方ですよね。ところが、今の学習指導要領は「決まりを進んで守る」に変わってしまった。その決まりができた経緯とか、変えられる力があるということはまったく不問。そこはなくなってしまった。

谷口　怖いですね。言うことを聞くだけの子どもをつくるっていうことですよね。しかも、安倍さんのほうが岸さんより先鋭化しているって、やっぱりおじいさんの悲願を達成したいんでしょうかね。

前川　憲法改正もそうだし、「修身」の復活もそうなんでしょうね。

「道徳」は自分たちの社会を自分たちでつくっていくための「市民科」につくり直すことができたらいい

谷口　でも、一度「道徳」が復活して、この後、「道徳」をやめるというような内閣が出てくるんでしょうかねぇ。

前川　「道徳」というものではなく、シチズンシップ、当然憲法も学ぶ「市民科」みたいな、自分たちの社会を自分たちでつくっていくために必要な知識とか、まさに作法とか、そういうことを学ぶための時間としてつくり直すことができればいいと思うんですけどね。

谷口　ほんとそうですね。

前川　そこで人権とか平和ということを学ぶ。どうも今の「道徳」は、戦前回帰的な色彩が非常に濃い。父母や祖父母を敬愛しろとなっているし、生命を尊ぶという徳目には、「自分たちの祖先を敬う」ということが入ってくるわけです。私の命は祖先から受け継いできたものだという、縦の血統というものを非常に重んじる考え方が入ってくるわけです。

谷口　危ないですね、血統主義というのは。本当に危ういですよね。

社会科の学習指導要領には「天皇を敬愛する」と書いてある

前川　これは結局、国体思想みたいなものにつながっていくわけでね。万世一系の天皇がいて。もしこのまま行くと、次の学習指導要領改訂のときには……。まだ今の「道徳」の指導要領の中には「天皇を敬愛する」というのは入ってないんです。だけど実は、社会科には書いてあるんです。

谷口　えっ？

前川　社会科の学習指導要領には、すでに天皇を敬愛すると書いてある。

谷口　書いてあるんですか？

前川　はい。だから、次は今まで社会科で教えていたことを「道徳」で教えようという動きが出てくる可能性が高くなるだけです。

谷口　知らなかった。でも、象徴はべつに敬愛対象じゃないですね。象徴であって。それこそ佐藤幸治[※20]を読もうが芦部信喜[※21]を読もうがどの法学者の本を読もうが、3行を読んだら寝てしまう難しい憲法の中で、第1条だけがすごく牧歌的なんですね。誰も説明できない。ハトが平和の象徴であるように、日本国および日本国民統合の象徴が天皇であるって書いてあるけど、「日本国」って聞いたときは、富士山とか桜とかを思い浮かべるもんちゃいますか。それを「天皇」って出てくることをイメージして教えようとするならば、象徴というのはそういうつもりでつくったんだよねってまだ理解しましょう。でも、敬愛対象ではないですよね。平和と言えばハト、オリンピックと言えば五輪旗とかそういうものだと思うんですけど、それ以上の対象は何もない。

※20　法学者。京都大学名誉教授。専門は憲法学。

※21　法学者。東京大学名誉教授。専門は憲法学。

前川　「天皇への敬愛」というのが入ってきちゃうと、かなり国体思想に近づいてきます。すでにその前段階ぐらいのところまで来ているわけです。日本人としての自覚を持てとか、縦の血統というものを非常に重視する考え方が反映しているんですね。

憲法第99条「憲法尊重擁護の義務」を最も守っているのは現在の天皇・皇后

谷口　天皇さん自身は、敬愛してもらいたいと思ってはるのかな。

前川　敬愛を強制することには反対されるんじゃないでしょうか。2004年秋の国遊会で、当時東京都の教育委員だった将棋棋士の米長邦雄氏が「日本中の学校で国旗を掲げ国家を斉唱させることが私の仕事でございます」と言ったら、「強制になるということではないことが望ましい」とおっしゃられましたからね。99条、憲法尊重擁護の義務を一番ちゃんと守っているのは現在の天皇、皇后だと思いますよ。

谷口　2016年のお言葉を読んでも、そうだと思いますよね。[※22]一番深く自覚してらっしゃるなって思うんです。あのお言葉は憲法をちゃんと全部読んで、象徴天皇制というものがどういうことかを自分なりに考えましたというものでした。

前川　天皇という名前をやめて、「憲法君《くん》」っていう名前に替えたほうがいいかもしれない。憲法君の「くん」を、君が代の「君」という字に。

谷口　「憲法の君《きみ》」ですね。『源氏物語』に出てくるような。

前川　そういう国体思想とか教育勅語に戻っていく動きが非常に強まっているので、このまま行くと本当にそうなっちゃう危険性があると思うんですね。

谷口　しれっと入っているんですね。

前川　しれっと入ってくるから誰も気が付かない。何で悪いの？　みたいな感じの雰囲気が入ってくる。それで言うと、オリンピックは一番国民の批判力を失わせるイベントだと思うんです。

谷口　スポーツは好きだし、昔オリンピックを本気で目指していた少女

※22
2016（平成28）年8月8日15時に放送された、第125代今上天皇自らによるビデオ映像を用いて国民向けに発した「おことば」。「現行の皇室制度に具体的に触れることは控えながら」とした上で、「既に80を越え、幸いに健康であるとは申せ、次第に進む身体の衰えを考慮する時、これまでのように、全身全霊をもって象徴の務めを果たしていくことが、難しくなるのではないかと案じています」と生前退位希望を示唆した。

だったので、オリンピック自体はすごくいいと思うですけどねぇ。

この前、メダリストの有森裕子さんが「オリンピックはアスリートファーストでと言っていただくのはとても嬉しいんだけれども、でも我々の生きている社会で行うものだから社会ファーストでしょう」みたいなことをおっしゃっていて。地域ファーストというか。そこがないのにアスリートファーストも何もないと思うんですよね、といったお話で。有森裕子さんってすごいなと思ったんですね。

そんなことをしてまでオリンピックしなきゃいけないかというのが、アスリート自身からも出てくるぐらい。だって、あんなくそ暑い中でマラソンを走るとか、自殺行為ですよね。

前川　あれは商業主義オリンピックの象徴みたいな話ですね。

官僚が使命感を持てなくなっている時代

前川　今は、官僚が使命感を持てなくなっている時代です。どうせムダだと疲れてしまったジャーナリストと同じような無力感みたいなものが広がっている。もともとは世のため人のために仕事がしたいと使命感を持って入ってくる。だって、民間に行けばもっと給料がもらえるはずの人材が来ているわけですからね。私の上の息子は商社に入ったんだけど、下の息子はよせばいいのに役人になったんです。

谷口　あら。

前川　下の息子が最初にボーナスをもらったとき、私のボーナスと下の息子のボーナスを足した額よりも上の息子のボーナスのほうが多かった。

谷口　分かりやすいですね。

前川　えらい給与格差はあるわけです。もちろん、人並みの生活ができるちゃんとした給料はもらえますよ。だけど、大商社のせいぜい入社して数年の若造のボーナスよりも、僕のボーナスのほうが少ない。まぁ、そんなもんです。だから、もともと何らかの使命感がなきゃ役人になんかならないはずです。だけど、政治家のわがままに付き合わされるみたいなことがしょっちゅう起こってくると、だんだん萎えてくる。そうすると、偉くなるためには保身しかない、みたいになっていっちゃうんじゃないかな。

役人が政治家のわがままに耐えるためには「面従腹背」

前川　そこを耐えるためには、私は「面従腹背」しかないと思うんですよ。表面的には従うけれども、あわよくば変えるぞ、みたいな気持ちをずっと持っているというか。

私は今でも、課長未満の若手とは結構付き合っているんです。でも局長とか審議官とかという連中、そして局長になろう、次官になろうとかと思っている人はなかなか私に寄ってこない。

谷口　そうですよね。見られてもいるでしょうしね、そういう意味で言うと。

前川　前川の後ろには、公安がいるんじゃないかと思っているかもしれない（笑）。

谷口　実際、身の危険を感じたことってあるんですか。

前川　いや、ないですね。駅のホームの端は歩かないほうがいいですよとか言われるけど、そんな危険を感じたことは一度もない。だから日本はまだ、プーチンのロシアほどひどくはなってないと思うんです。だけど、このまま10年、20年、安倍さんみたいな人がずっと居座り続けたら、本当にロシアみたいになっちゃうかもしれない。

谷口　公安に見張られているなと思ったことはあります？

前川　ないです。ないけど公安はそういうもんだから、あなたが気が付かなくても見張られているかもしれませんよって言われていますけどね。

谷口　[※23]前川さんの出会い系バーの記事を書いた読売新聞へのリークは？

前川　あれは分からない。だけど、もともと官邸が知っていたということは事実ですから。杉田さんという警察公安出身の官房副長官、この人から、君、そういうところは出入りしないほうがいいよ、って言われたわけですから。そのときは素直に、はい分かりましたと言いました。あの記事は官邸から出ているだろうな。そうとしか思えないですよねぇ。

※23
前川氏が加計学園獣医学部新設に関して記者会見を開く3日前の2017（平成29）年5月22日に読売新聞が、「前川前次官　出会い系バー通い　文科省在職中、平日夜」と題した記事を1面に掲載。菅義偉官房長官も定例会見で、前川氏に関して、「常識的に言って到底考えられない」などと発言。その後、「週刊文春」の取材に複数の女性が前川氏との間には売春や援助交際などは全くなく、生活や就職等の相談に乗り、小遣いを渡していただけであったことを証言した。ちなみに、この件に関して前川氏は事前に読売新聞の取材は受けていないという。

みんなが一斉に萎えるのではなく、疲れたら休もう

谷口　無力感にさいなまれている人たちっていうのは官僚にもいらっしゃるだろうし、先生にも、メディアにも、本当に沢山いる。

　本当は国を形成するのに必要なリーダーたらんとする人たちが、国家的ＤＶで痛めつけられているような状況ですよね。だから、萎える瞬間とか、やる気を奪われる瞬間というのはあると思うんですけど、またそうじゃない人たちも存在しているって思えると希望だなと思うんですね。

　みんなが一斉に萎えるわけでもないし、みんなが一斉に疲れて倒れるわけでもないから、その中には頑張ってくれる時期の人もいれば、疲れて少し休む人もいる。そして休んで回復して、また元気になった人が出てきたりする。官僚もそうなのかなと思うんです。

前川　やっぱり、政権交代があると少し元気になるんですね。ひとつ変わるチャンスだというか。私も結構、政権交代を経験しましたからね。宮澤内閣[※24]が倒れて細川内閣[※25]ができたときも、何か変わるかもしれない、

※24
１９９１（平成３）年第78代内閣総理大臣に就任。就任中にＰＫＯ協力法を成立させるも、93（平成５）年、内閣不信任案が可決され、衆議院を解散。総選挙で自民党が大敗し、８月に内閣総理大臣を辞任。

※25
旧熊本藩主細川家の第18代当主。１９９２（平成４）年、日本新党を結成し参院選に当選。翌年、衆院選に鞍替え出馬し当選すると、同党と新生党・社会党・公明党・民社党など８党派の連立政権首相に就任。94（平成６）年、金銭スキャンダルに追われ辞任。

今までできなかったことができるかもしれないという期待感を持ちました。細川内閣、羽田内閣[※26]の後に事もあろうに社会党と自民党がくっつくという、自社さ内閣[※27]なんて、どうやって振る舞ったらいいんだとみんなオロオロしちゃう。でも、私は日教組との関係は完全にこれでうまくいくんじゃないか、いいチャンスだなと思っていました。実際にそのおかげで日教組との関係が劇的に変わりましたから。でも、それもまた元に戻っちゃって、社会党が離脱して自民党内閣に変わっちゃって。公明党も、もともとは自民党と対立していたのが……。

谷口　それが、いつの間にか自公連立に。

自分一人の力がムダだと思う必要はない

谷口　物事を理解していく教養は平面ではなく、立体的に積み上がっていくもので、積み上がるからこそ奥行きがでる。立体的に物事を捉えられないと、回転させて見ることができないんですよね。だからひっくり

※26
1994（平成6）年4月、細川氏の首相辞任後、第80代首相に就任。が、政権発足時に旧社会党が連立離脱して少数与党となり、自民党の内閣不信任案提出を受けて総辞職。首相在任は64日間。半袖スーツの「省エネルック」でおなじみ。17年、82歳で死去。

※27
1994（平成6）年、羽田内閣が総辞職した後、自民党、社会党、新党さきがけの3党は、「自社さ」連立政権の成立で合意し、村山富市社会党委員長を首相とする村山内閣が誕生。社会党委員長を首相とする内閣は、片山内閣以来46年ぶり。村山内閣は1996（平成7）年1月まで政権を担当し、この間、阪神淡路大震災対策や従軍慰安婦問題などに取り組んだ。

返してみたりとか、もぐってみたりとかして、違う角度から見ることを身に付けるのが、「考える」ということなんだと、学生にいつも言っています。

それがまさに、批判のひとつだと思うんですね。気が付かないところに気付く人がいて、違う角度から言う人がいて、それにまた立体的に足していく人とかがいて。誰も何も言わなくなると、足すものも引くものも、ひっくり返す力もなくなる。だからこそ、自分一人の力が無駄だと思う必要はなく、そのうち動くんちゃう、そのうち変わるんちゃうぐらいの楽観的な感じを持ち続けていたほうがいいなと思うんですね。

ただ、「考える力」や「批判する力」は暗記とか記憶とかでは養われない。投げかけてくれる人とか、投げかけてくれるものがいると思うんですけど、道徳教科のような画一的な教育だと、星野君は何がダメで監督に怒られて干されて、これからどうしていったらいいのでしょうか？その答えが監督の言うことを聞く子になる、ですからね。そういう子を育てようとする教育には、あらがわなきゃいけません。

前川　文科省も「主体的で、対話的で、深い学び」と、いいことを言ってるんですよ。対話的とは、いろんな見方があると気付くことですからね。でも、それを一色に染めていこう、一面的な見方でみんなを支配していこうという巨大な力が、実に巧妙に働いていると感じています。マインドコントロールに近づいていて非常に危険です。

谷口　メディアを使えばマインドコントロールできますからね。特にクールに見せかけると、そうかなって。巧妙な仕掛けが次から次に出てきて、それはお金と人といろんな知識を総動員してやっているから、からくり人形が次から次から来るみたいな感じなんですね。こっちは1個1個分解して、そのからくり人形のここがおかしかったでしょうと言っているときには、すでに次のからくり人形が出てきている。

東京医大の女子学生[※28]が一律全員減点されて加算されていく人とされない人がいる、というのも、教育行政の中であり得ない話でしょう。

前川　いやあ、あり得ないですね。

谷口　それも、また不運なことにというか不幸なことに、文科省官僚の

※28
2018（平成30）年8月、東京医科大学が一般入試で女子受験者の点数を一律に減らし、女子の合格率を全体の3割程度に抑制していた問題が発覚。その後他大学、他医学部でも同様の女子受験者への差別が明るみに。女医は妊娠・出産などで現場を離れることなどが理由とされたが、国内はもちろん海外からも女性差別だと批判が相次いだ。

検察の捜査で分かってきたという。

前川　いやあ、文科省にいた人間としては本当に情けない。

谷口　でも、あの事件がなかったら表に出なかったってことでしょう。あのままずっと行っていた可能性があると考えると、文科省の問題もあるかもしれないですけど、教育現場そのものが麻痺していますよね。

前川　ひとつひとつとにかく説き明かす、暴いていく、そういう作業が必要なんでしょうけどね。確かに次から次からやって来るからねぇ。

谷口　またか……と。批判に疲れるというのはそのとおりで、だからこそ、これはあかんと思う人が先頭に立ってやればいいと思うんですね。私はセクハラがあかんと思ったからセクハラ問題※29で行動を起こしました。東京医大のことでも本当はすぐ動けたらいいけど大阪からは遠い。だから、そこは別の動ける人に動いてもらっています。

※29
福田淳一前財務次官によるセクハラ問題をきっかけに、現役の記者などでつくる「メディアにおけるセクハラを考える会」ができ、代表を務める谷口さんが2018（平成30）年5月に会見。メディアのセクハラ150事例を報告した。

大事なのは動いている、戦っている人を一人にさせないこと

谷口　大事なのは、そういう人たちを一人にさせないことです。マスコミだって巨大な権力のように見えるけど、実は個々の記者さんはすごく孤独だったりする。だからその人たちが会社の中でつぶされないように、私たちは褒めないと。例えばいい記事があったら電話やメールで、今日のあの記事良かったたって伝える。みんな、基本けなすことしかしないので、良かったよと言うこともすごく大事だと思うんですね。アホ、ボケ、カス言われるより、励まされるほうが力になるじゃないですか。

批判するのは良くしたい気持ちがあるからで、褒める行為もあってしかるべきだと思うんですね。愛がない批判はダメと言っているのはそこで、ええことをしたときは褒める。褒めない教育はダメだと思います。

前川　昔から、「かわいくば、五つ教えて三つ褒め、二つ叱って良き人となせ」[※30]と言いますよ。

谷口　ほんとそうですよね、五つあったら三つは褒める。それぐらいじ

※30
江戸後期の農政家・二宮尊徳の名言……と言われているが、彼の著書や資料の中には実は記載がないらしい。

ゃないと人間育ちませんよ。ついつい、年配の方は若い人に嫌なことばかり言いたくもなるでしょうけど、そこは五つのうち三つは褒めて、二つは叱っていただいて。

文部官僚が萎えないように、くじけないように

谷口　文科省の課長さん以下の人たちと今も付き合うときは、どんな話をされるんですか。愚痴を聞く?

前川　雑談ですけどね。勉強会のような立派なもんじゃないですよ。でもやっぱり教育行政についての話をしますから、いじめや不登校の問題を具体的にどうしたらいいだろうかとか、具体的な政策論の話をしたりします。もちろん私のところに寄ってくるような連中は、安倍さんに対する批判的なものを持っていて、そこは共通していますからね。彼らが萎えないように、くじけないようにしてあげたいなとは思っていますね。

谷口　前川さんという存在が後輩の人たちをエンパワーしているという

ことじゃないですか。存在そのものがね。寄ってきて、話を聞いてください とか、こう思うんですけどどうしたらいいですかとか。

前川　でも彼らもやっぱり、私に会いに来ているのがばれると、みたいな気持ちはちょっとあるんです。

谷口　そういうことですね。こっそり会いたい。

前川　隠れ家みたいなところで。

谷口　人目に付かないところで会いたい。でもそうだと思いますよ。戦っているときって人が寄ってこないというか、陰で応援していますよとか、表立っては言えないですけど応援していますよと言う人が本当に多い。今ここで喋っているのを見られただけで何を言われるか分からないので、すみません、とかって言われることもあるし。

精神的支柱ってすごい大事ですね。何かあったときに相談できる相手とか、知恵袋みたいな人って。でも、それもこれも前川さんが事務次官をお辞めになったからこそですね。だって、事務次官となんて怖すぎて雑談なんてできませんよ。

謝辞

本書を上梓するにあたっては、
デザイナー　村沢尚美氏
カメラマン　宅間國弘氏、
ヘア&メイク　スリー・ピース yum·i 氏
株式会社集英社 学芸編集部 藤井真也部長
校正・校閲　株式会社聚珍社
朝日放送ラジオ株式会社　勝山倫也代表取締役社長
同社　嶋田一弥氏、伊藤史隆氏、戸谷公一氏、野本友恵氏
株式会社エー・ビー・シーメディアコム　井上隆平氏
株式会社チャップ代表取締役　石原正也氏
同社　住吉むつみ氏
株式会社三桂　花澤太朗氏
フリーランスライター　戸高米友見氏に
大変お世話になりました。
心より御礼申し上げます。
どうもありがとうございました。

谷口真由美
前川喜平

前川喜平《まえかわきへい》

元・文部科学事務次官　現代教育行政研究会代表
1955年、奈良県生まれ。東京大学法学部卒業。79年、文部省（現・文部科学省）入省。94年、文部大臣秘書官。2010年、大臣官房総括審議官。12年、大臣官房長。13年、初等中等教育局長。14年、文部科学審議官、16年、文部科学事務次官。17年、退官。現在、自主夜間中学のスタッフとして活動しながら、講演や執筆を行っている。著書に、『面従腹背』（毎日新聞出版）、『これからの日本、これからの教育』（寺脇研氏との共著。ちくま新書）などがある。

谷口真由美《たにぐちまゆみ》

大阪国際大学准教授　全日本おばちゃん党代表代行
1975年、大阪府生まれ。国際人権法、ジェンダー法などが専門分野。非常勤講師を務める大阪大学での「日本国憲法」講義が人気で、一般教養科目1000科目の中から学生の投票で選ばれる〝ベストティーチャー賞〟こと「共通教育賞」を4度受賞。TBS系『サンデーモーニング』、朝日放送『おはよう朝日です』『キャスト』、ABCラジオ『伊藤史隆のラジオノオト』はじめ、TV、ラジオ、新聞のコメンテーターとしても活躍。2012年、おばちゃんたちの底上げと、オッサン社会に愛とシャレでツッコミをいれることを目的に、Facebook上のグループ「全日本おばちゃん党」を立ち上げ、代表代行を務める。著書に、『日本国憲法　大阪おばちゃん語訳』（文藝春秋）、『憲法って、どこにあるの?』（集英社）などがある。

デザイン　／村沢尚美
取材・構成／戸高米友見
撮影　　　／宅間國博
ヘアメイク／yumi（Three PEACE）

ハッキリ言《い》わせていただきます！

黙《だま》って見過《みす》ごすわけにはいかない日本《にほん》の問題《もんだい》

2019年2月10日　第1刷発行
2019年3月18日　第2刷発行

著　者　前《まえ》川《かわ》喜《き》平《へい》　谷《たに》口《ぐち》真《ま》由《ゆ》美《み》

発行者　茨木政彦

発行所　株式会社　集英社
〒101-8050
東京都千代田区一ツ橋2-5-10
編集部：03-3230-6068
読者係：03-3230-6080
販売部：03-3230-6393（書店専用）

印刷所　図書印刷株式会社

製本所　加藤製本株式会社

集英社ビジネス書公式ウェブサイト　http://business.shueisha.co.jp/
集英社ビジネス書公式Twitter　https://twitter.com/s_bizbooks(@s_bizbooks)
集英社ビジネス書Facebookページ　https://www.facebook.com/s.bizbooks

　ISBN　978-4-08-786110-5 C0037